河北省区域经济与群众体育协调发展评价研究

南子春 著

NORTHEAST NORMAL UNIVERSITY PRESS
WWW.NENUP.COM
东北师范大学出版社

图书在版编目(CIP)数据

河北省区域经济与群众体育协调发展评价研究／南子春著.
—长春：东北师范大学出版社，2016.12（2024.8重印）
ISBN 978-7-5681-2604-5

Ⅰ.①河…　Ⅱ.①南…　Ⅲ.①区域经济—关系—群众体育—协调发展—研究—河北　Ⅳ.①F127.22 ②G811.4

中国版本图书馆CIP数据核字(2016)第317619号

□策划编辑：王春彦
□责任编辑：张　琪　张辛元　□封面设计：优盛文化
□责任校对：王中韩　王春林　□责任印制：张允豪

东北师范大学出版社出版发行
长春市净月经济开发区金宝街118号(邮政编码：130117)
销售热线：0431-84568036
传真：0431-84568036
网址：http://www.nenup.com
电子函件：sdcbs@mail.jl.cn
三河市佳星印装有限公司印装
2017年3月第1版　2024年8月第3次印刷
幅画尺寸：170mm×240mm　印张：11.5　字数：175千
定价：42.00元

Preface
前言

群众体育的蓬勃发展既有利于构建未来更高水平的、发展比较均衡的小康社会，也有利于人们形成科学、健康的生活方式，更加合理地享受小康社会的建设成果。长期以来，群众体育难以用量化指标衡量的问题一直困扰着人们，影响着全民健身计划的落实和在创造和谐社会环境方面体育的社会功能的充分发挥。构建一个能够反映群众体育发展程度的指标体系，来检测我国全面建设小康社会时期群众体育的发展水平，从而使有关部门全面、准确地了解全面建设小康社会进程中群众体育的发展状态和变化趋势，全面、客观地评价群众体育工作的成效，有利于体育行政部门对群众体育工作实施目标管理，有利于调动广大群众参与的积极性，推动群众体育的发展，这种研究是很有现实意义的。

随着我国体育事业的发展，群众体育这一决定全民身体素质的体育事业，也将自然而然地得到越来越多的重视。然而，翻阅历史文献，关于区域群众体育协调发展的研究十分有限，对区域群众体育与经济协调发展评价的研究更是少之又少。群众体育与经济社会如何评价发展状况？如何确定群众体育与经济社会是否协调发展？如何更协调地发展？这些都是对我国群众体育发展所提出的新问题。

本书的主要研究目的就是通过借鉴国内外区域经济与群众体育协调发展的经验，分析河北省区域经济与群众体育的协调发展现状，以促进两者之间的协调发展，从而提高河北省经济发展的同时促进群众体育的有效开展。此次研究的目的不仅在于实现经济和体育的协调发展，更是对提升河北省人民的整体健康水平具有现实意义。希望通过制定评价标准与模型，对各地方制定群众体育与经济协调发展的政策有一定的指导意义。

Content

目 录

第一章　导论

第一节　区域经济与群众体育协调发展的研究背景

一、理论背景

如何让区域经济与群众体育协调发展，一直是我国体育事业关注的核心问题之一。2014 年 10 月，在国务院提出的《关于加快发展体育产业促进体育消费的若干意见》中指出：要提高中华民族的身体素质和健康水平，必然要发展群众体育和体育产业，而发展体育产业和群众体育，也将有利于在满足人民群众多样化的体育需求的同时，培育新的经济增长点。近年来，我国的区域经济一直呈现出一种快速增长的态势，与此同时，我国的体育产业和群众体育事业也得到了迅猛发展，区域经济和体育产业、群众体育之间存在着紧密的联系，它们相互影响、相互促进。在三者的关系当中，区域经济的发展水平是体育产业和群众体育得以发展的基础，是体育产业和群众体育发展水平和速度的根本决定者；体育产业是新的区域经济增长点，是未来区域经济的支柱产业，对于促进区域经济的发展和经济的转型升级有着重要的意义。而且，体育产业在健身场地和健身设施、健身方法的培训与咨询、健身娱乐活动的组织等方面为群众体育的开展提供了支持和保障；体育产业发展的动力是群众体育，体育产业的健康发展是通过全民健身服务业的发展来推动的。区域经济、群众体育和体育产业之间有着紧密的联系，群众体育的发展可以促进体育消费，从而实现体育产业部门的经济效益，进而促进区域经济的快速健康发展。近年来，众多学者研究的热点开始逐渐转移到区域经济和体育产业、群众体育三者之间的关系上来，且其中大部分学者专门针对其三者两两间的关系进行研究。

1995 年 6 月 20 日，当时中共中央、国务院首次颁布并实施了《全民健身计划纲要》。经过多年的努力，我国的群众体育事业取得了显著的成就，尤其是在后奥运时期，群众性体育活动在我国蓬勃开展，我国国民的健康状况和体质也得到了极大的改善。而衡量我国群众体育发展程度的一项重要指标就是我国国民在体育活动中的投入状况，这一指标也将直接影响我国各级政府及体育行政部门对群众体育投入的政策导向和价值取向。因此，在当前的情况下，我国体育科研、管理工作者的研究内容也应当发生相应的改变，应该考虑如何在一个科学、合理、高效的群众体育投入评价系统指导下继续保持我国群众体育事业的良好发展态势，以及应该采取何种评价机制和如何将评价机制同已有的评价指标体系有机地结合起来，从而对群众体育投入进行公正、客观的评价，从而更好地促进我国群众体育事业的发展。

2006年，中共中央、国务院在《关于推进社会主义新农村建设的若干意见》中明确提出，我国农村相关政府部门应当积极推动实施农民体育健身工程，积极开展多种多样的、群众喜闻乐见的、寓教于乐的文化体育活动，用以繁荣农村的文化体育事业。在第十届全国人民代表大会第四次会议上批准的《国家国民经济和社会发展第十一个五年规划纲要》中，明确提出了关于加强城乡基层和各类学校的体育设施建设，积极开展全民健身活动，努力提高全民特别是青少年的身体素质，并尽力保护和发展民族民间体育的事项。明确了继续深化体育改革的指导思想，并采取合理方式鼓励社会力量兴办体育事业和投资体育产业，并且进一步明确了群众体育事业的发展目标和长期任务，这为制定“十一五”群众体育规划指明了前进的方向。这一年，既是我国群众体育事业发展承前启后、继往开来的重要阶段，又是实施《全民健身计划纲要》第二期工程的第二个阶段；是推行全民健身计划的最后阶段，同时又为下一个十年的群众体育事业做好了准备。我们所做出的这些努力，都将为实现建设全面小康社会的体育目标奠定一个良好的基础。根据我国体育总局发布的关于发展体育事业的要求，再结合我国群众体育的实际情况，以科学发展观为指导，制定了“十一五”群众体育事业发展规划。根据党的十六大、十六届四中全会、五中全会精神，根据中共中央、国务院《关于进一步加强和改进新时期体育工作意见》和《关于推进社会主义新农村的若干意见》，根据“十三五”发展规划以及《全民健身计划纲要》《关于加快发展体育产业促进体育消费的若干意见》等国家宏观发展规划以及重要文件精神，我国不论是在政策法规还是在资金上都将会对群众体育加大投入力度。因此，对我国群众体育和社会其他方面的协调发展的研究已经是势在必行。

二、实践背景

（一）我国当前群众体育形势严峻，深入开展群众体育势在必行

当前，我国学生体质健康状况令人担忧，中老年人体质水平略有下降。2007年，我国发布了第二次国民体质监测公报，据公报数据可以看出，我国的国民体质总体水平比2000年有所提高。但是，不同年龄段的人群各类体质指标的变化各有不同，其中，40～59岁年龄段的成年人体质略有下降，特别是身体形态和机能水平的下降十分明显；60～69岁年龄段的成年人体质总体水平也有所下降，但是身体素质水平有所提高；而最令人担忧的，是近年来我国的学生体质健康状况。根据2005年全国学生体质和健康调研结果可以看出，2005年同2000年相比，我国的大、中、小学生的肺活量水平呈持续下降趋势，而且，他们的速度、爆发力、力量、耐力素质水平下降趋势明显；同时，在学生群体中，肥胖的检出率继续呈上升趋势；最严重的是，学生视力不良的检出率仍然居高不下。根据国家体育总局正式公布的《2014年国民体质监测公报》中的数据显示，超重与肥胖问题已经成为影响我国成年人、老年人人群体质的突出问题；同时，青少年的视力下降明显、肥胖超重等也成为国民健康当中一个非常突出的问题。

（二）我国群众体育发展不平衡，其中城乡差距和东西部差距比较明显

2015年，我国公布了城乡居民参加体育锻炼现状的调查公报，根据其数据显示，我国的乡村居民参加锻炼的状况明显次于城镇居民，即城乡差距明显。同时，通过数据对比可以看出，我国城镇居民参加体育锻炼的人数比例明显高于乡村，其中城镇居民“经常参加体育锻炼”的人数比例是乡村居民的几倍。同时，我国群众体育的开展情况，东西部差距也相当明显，东部地区居民参加体育锻炼的情况明显好于中部和西部，而且，东部地区居民参加体育锻炼和“经常参加体育锻炼”的人数比例是最高的，中部次之，西部最低。其中，经济条件差，思想观念落后，居住相对分散，城镇化水平低，传统文化因素等是影响农村体育发展的主要原因。而后者中，西部经济实力相对薄弱，西部社会发展总体水平相对缓慢，城镇化滞后，西部体育人才相对匮乏，体育场地和设施短缺，学校体育和竞技体育水平较低是影响西部体育发展的主要原因。

（三）我国体育锻炼场地和设施匮乏，健身指导资源短缺

在《2014 年国民体质监测公报》中的调查表明：缺乏体育场地设施是我国城乡居民不参加体育锻炼的突出因素之一，而且，即使是经常锻炼的居民，在锻炼的过程中也同样会遇到缺乏场地设施的困扰。另外，在参加体育锻炼的过程中，只有较少的一部分居民有可以接受到健身指导的经历，且接受社会体育指导员指导的比例相对较低，据统计，仅为 5% 左右。第 5 次全国体育场地的普查资料显示，我国体育场地的发展中存在着很多问题，其中主要有：体育场地设施数量较少，质量较低，很难满足全面建设小康社会的需要；而且体育场地的区域发展不平衡，场地结构需要进行进一步的改善；体育场地的开放率和利用率都较低，公共体育场地数量不足，需要进一步提高和增加；我国的民间资本和外商对体育场地的投资不足，体育场地的经营状况不佳等。在我国，社会体育指导员中健身指导的比例偏低，其主要原因有以下几个方面：第一，我国社会体育指导员数量严重不足；第二，我国的社会体育指导员的学历较低，指导经历和技术等级等结构层次明显偏低；第三，我国社会体育指导员的质量有待提高，有相当一部分的指导者并未接受过专业的培训，并不具备指导社会体育的知识能力和素质等的要求，而且，社会体育指导员的指导率普遍不高。

（四）基层群众体育组织机构和运行机制未能适应群众体育事业的发展速度

我国的群众体育事业快速发展，群众体育工作任务日益繁重，这就导致了我国基层群众体育组织和运行机制难以适应这方面的需要。而且，我国群众体育的需求在日益增多，工作任务日益加重，工作范围日益扩大，导致很多基层经济乏力，财政短缺，基层体育事业建设进展缓慢，令群众体育的管理和办公都集中在了体育行政部门。所以，原有的组织机构和干部队伍、管理制度和管理方式、资源条件和配置方式等等，都难以适应群众体育发展的新形势，管理滞后成为制约基层群众体育发展的重要因素。

第二节 区域经济与群众体育协调发展的研究目的和意义

一、研究目的

1. 对河北省体育资源进行调查，了解人才、经费、场馆、设施、信息等各方面资源的具体情况，掌握河北省体育资源发展的真实现状。

2. 对河北省群众体育资源进行调查，了解体育人口、场馆、社会体育指导员、体育公共服务等方面的情况，掌握河北省群众体育发展的真实现状。

3. 分析河北省区域经济与群众体育协同发展的优势条件与不利因素。

4. 探寻整合河北区域体育资源、促进河北省区域经济与群众体育协同发展的路径。

二、研究意义

1. 河北省各市、县及地区在地理环境、气候环境等自然因素方面具有诸多相似之处，在人文环境方面又有许多相通的地方，因而研究河北省区域经济与群众体育的协同发展问题，对促进河北省体育事业的发展及提高河北省体育运动的整体实力、改善体育项目失衡，促进河北省体育事业协调发展具有现实意义。

2. 本研究对河北省区域经济与群众体育协同发展中区域体育资源的整合建议对目前河北省体育产业的结构与布局具有重要价值。

3. 本研究对河北省区域经济与群众体育的人力资源、场馆资源、信息资源、经费资源等提出整合建议，对河北省体育事业的发展规划、交流合作具有理论参考和政策咨询的作用。

4. 本研究有利于促进河北省群众体育的繁荣、河北省体育文化的建设、河北省体育产业的发展，对于实现京津冀一体化具有直接推动意义。

5. 区域经济与群众体育只有整合资源、优势互补、强化合作，才能发挥这一区域的联动效应，实现合作共赢。

第三节　国内外区域经济与群众体育协调发展的相关研究综述

一、关于区域经济的研究评述

通过多方研究国内外历史文献我们可以看出，在关于群众体育和经济协调发展的研究当中，最主要的内容是以下几个方面：

（一）我国国内研究现状

在《浅析体育与经济》一文中，作者梁有明指出：体育的功能是多种多样的，如：健身、促进人的全面发展以及促进精神文明建设等，还可以提高劳动力素养和劳动生产率，以促进经济的发展。首先，经济对体育起到了决定性的作用。但是，这里着重强调的是体育运动能够促进人的发展，对企业文化建设具有重要的作用，以及体育产业的形成和发展对国民经济有着巨大的促进作用。在21世纪，中国体育区别于20世纪的最大特征是，体育将逐渐成为推动我国经济持续增长的重要力量，而且体育产业将会成为第三产业当中的支柱产业。在谈到《体育对经济发展的作用理论》时，潘瑞成和薛峰表示，体育对生产力的影响是不可忽视的，是我国第三产业中的一个新的增长点，体育和经济之间为“互动关系”，体育依赖经济，经济借重体育。所以，体育对我国经济有着很强的带动作用，在我国着重发展市场经济的条件下，体育的功能也随之发生了极为深刻的实质性的变化，并且推动着我国体育事业的健康发展。在《管窥体育与经济的关系》一文中，苏彬指出，体育运动产生于生产劳动，而生产力的发展又推动了体育的发展，经济的发展为体育的发展提供了条件，体育与经济相互联系，也相互制约。两者的关系表现为：经济是体育发展的基础，经济制约着体育的发展，体育对经济的发展有着促进作用。同时，体育是提高劳动者身体素质的重要手段，体育锻炼是劳动者身体素质的保障，而且，体育也能够带动相关产业的发展。

在《体育经济相互关系浅论》一文中，祁宁和王乐将体育和经济的关系进一步细化为：体育事业发展的物质和社会基础是经济发展的水平和社会需要。而且，科学技术转化为直接经济的重要途径也是体育事业的发展。当前，我国的体育产业正在日益壮大，并且对我国的经济发展起到了举足轻重的作用。人们的生活方式正在因为体育的发展而改变，因此，如果体育进入消费市场必将产生巨大的经济拉动力。体育产业是相当具有发展前途的新兴产业，是一个主要满足人们精神文化建设等需求的产业。在《体育与地方经济：体育场馆对振兴商业房地产的作用》中，Davies 指出：近年来，体育场馆的使用不论是在学术上，还是在英国城市政策上，对经济的发展和再生的作用已经获得了认可，这一点，在体育场馆的发展对商业房地产市场的影响上表现得尤其明显。在我国，当竞技体育已经获得举世瞩目的辉煌成绩以后，群众体育作为体育的一个庞大分支，必将在我国经济的发展中扮演越来越重要的角色。一方面，群众体育的发展决定于经济的发展，它作为提高我国全民身体素质的重要手段，必定在促进经济发展方面起到强大的带动作用。另一方面，体育产业是我国第三产业中的新兴力量，群众体育在很大程度上创造了社会财富，因此，群众体育对经济发展将起到不可忽视的作用。

陈俊钦在区域经济与体育产业的关系方面认为，我国的体育产业同经济发展不成比例；王大鹏等在对休闲体育产业与经济发展相关指标的关系进行研究时，以京津冀地区为实证对象；接云峰认为，在发达国家，促进区域经济社会发展的一个重要手段就是体育产业的发展；闫琳琳等对经济增长和体育产业的关系进行了实证研究。谯新风认为，在区域经济与群众体育的关系方面，我国东西部经济的不平衡使得东西部地区群众体育消费及群众体育人口差异较大；陈进基于经济危机对群众体育的影响，探讨了其主要表现和应对策略；何国民评价研究了我国 31 个省（市、自治区）2009 年区域经济与群众体育协调发展的状况。在体育产业和群众体育的关系方面，韦建明认为，推动体育产业发展的基础是全民健身；王云涛研究了广东省不同经济发展区域群众体育的发展关系；邬凤认为，全民健身运动的蓬勃展开，导致了人们对体育健身休闲需求的迅猛发展，从而让群众体育成了体育产业发展的推进器。由此可以看出，体育产业、群众体育以及区域经济三者之间是相互关联、彼此促进的关系。但是，对三者之间的关系进行综合探究，探讨三者之间的综合发展度和协调度的研究在报道当中还很少见。

以往对群众体育资源的研究主要集中在四个方面：群众体育资源的开发和利用、群众体育资源的现状、不同区域群众体育资源配置效率以及群众体育资源配置理论构建，而没有对我国群众体育资源评估的研究。且群众体育资源研究在某些对城乡体育和群众体育进行评估的研究中仅是一小方面，缺乏全面、系统的群众体育资源评估研究。长时间的区域群众体育的差距是难以用量化的指标进行衡量的，农村的群众体育资源配置落后于城市，且具体程度不能得到统计。这就非常不利于政府对群众体育资源配置的宏观调控，还将直接影响着城乡群众体育的协调发展，因此，我们迫切需要对区域群众体育构建评估指标体系。

区域群众体育作为我国居民进行体育活动的物质基础和条件保障，其在城乡之间存在的差距不利于群众体育整体的发展。所以，为了推动和加强城乡群众体育的有序和可持续发展，我国的区域群众体育必须坚持朝着公平配置发展。参考城乡体育、群众体育和体育资源相关评估研究中涉及区域群众体育的评估内容，以社会指标体系确立的一般原则为原则，构建我国的区域群众体育评估指标体系，评价群众体育工作时要客观，要对区域群众体育的合理分配有利，要对缩小城乡群众体育之间的差距有一定的理论和实践意义。要充实群众体育资源的内容、内涵和分类，要丰富群众体育资源的理论研究，评估指标体系的构建要从资源的角度入手，细化城乡群众体育发展的评估，填补群众体育资源方面的评估空缺，为今后相关方面的研究打下法学方面的基础。同时，在有关我国政府宏观调整城乡体育资源方面，可以利用所构建的评估指标体系，市政剖析我国区域群众体育的配置现状，对区域群众体育各项指标的公平性进行定量检测，对我国区域群众体育的差距进行客观的评估，从而指导有关部门全面、准确地了解建设和谐社会进程中城乡群众体育的变化趋势和发展状态。

（二）国外研究现状

在发达国家，群众体育实施的原则为“依托社区、公益定位、政府支持、机制灵活”。开展群众体育活动的关键是体育场地设施的建设，各级政府必须高度重视对社区体育场地设施的开发和服务。例如：英国要求每

2.5万人的社区都要建设一个体育中心，并且，政府会在财政补助、免税、低价出让土地等方面对体育中心提供支持；而日本则是从基层、市区、都道府县都兴建社区体育设施；在德国，大力进行社区体育中心的建设，并对土地实行价格优惠政策，制定社区体育设施配套标准；美国则规定：社区每千人就要建一英里的野营、自行车或健身路径，每2.5万人就要建一个公共的游泳池等。

国外对体育设施的相关研究主要有：美国《美国职业体育设施：对未来的思考》的作者查得·塞弗里德、大卫·肖克（2007）认为，目前，美国专门体育设施的建设大幅增加了周边社区建设的资金成本和空间成本，并且对未来专业体育设施建设应重点考虑的问题提出了相关的建议，主要包括三个领域的问题。在《体育设施和城市改造：私人和公共健康的未来》一书中，马克思·罗森菲尔特（2006）指出，体育设施的建设对促进城市的发展有着巨大的作用，并且非常有利于建设一个更加健康向上的未来社会。在《到达体育设施的距离影响人的活动与行为》中，盖文·R·Mc·考马克、比利吉尔斯·戈地等提出，不同的距离会影响人们参加体育活动的行为，并对未来体育设施的建设提出具体建议。维塞乌·乔斯、里韦罗等在研究体育活动、休闲、健身设施建设位置的选择时利用了空间经济定位理论。马瑞·艾莉森，约翰·泰勒则在《体育在再生贫困地区中的作用》中指出，体育运动在苏格兰边远地区同样有相应的作用，例如：建立社区精神、改善群众健康、创造就业、减少不利于社会发展的行为等。在《确定体育设施的实际成本和效益》中，蒂姆·查彬讨论了体育设施中实际投入和产出之间的关系，他认为，在未来的几十年中，对体育设施的公共投资将会持续受到争论。还有P·切拉朱艾撰写的《体育与休闲中的人力资源管理》；米歇尔·J·帕西欧莱克撰写的《残疾人体育和休闲资源》；拉塞尔·E·布莱利、丹尼尔·麦克林的《运动与休闲服务组织的财务资源管理》《金融资源管理：体育、旅游及休闲服务》；希娜·艾斯扎娜的《卫生健康事业的股权、股权和资源配置：对实现NHS的核心规范的方法》等，则对资源配置相关的方面进行了研究。

在群众体育方面，西方发达国家在法律、政策以及实施等方面给予了大力的支持。例如：在美国，大多数的体育运动设施是免费向公众开放的，而且，有很多体育社团自发地组织活动；在法律方面，规定了“为修建社区体育场设施，社区政府可通过购买、赞助、赠送、特许等方法获得土地”。在澳大利亚，政府规划了体育基础设施基础战略，对农村体育基础设施建设、管理和体育活动等方面，体育基金会（ASF）将逐年增加投入，对体育组织慈善行的捐款和税收进行了立法上的规定；并且，对于农村和边远地区人们的特殊体育需求加以特别的关注。

二、关于区域经济发展中群众体育的研究

在《和谐社会构建中城乡群众体育统筹发展的思考》一文中，马进、田雨普指出了我国城乡群众体育发展中存在的一些问题，主要有：在城乡群众体育投入方面，实行轻乡村、重城镇的策略；在体育场地设施的建设和使用方面，轻软件、重硬件；在群众体育活动的开展方面，轻全局、重典型。根据这些问题，他们还提出了相应的解决对策：坚持科学发展观，制定统筹城乡的群众体育发展规划；深化改革，在城乡当中建立统一协调的管理机构；开展一系列促进城乡融合和城乡一体化的文体活动，进一步推动城乡群众体育的和谐发展。在《城乡群众体育协调发展的理论探讨及对策分析》一文中，宋杰和董杰提出了城乡群众体育协调发展的基本理念：将“以人为本”即以大众的体育需求为本作为人类活动的基本价值要求，以公平正义的社会基本价值观念和准则为基本遵循，在协调发展的过程中，要注重规模、效益和环境的结合，并且，在融合城乡体育文化的同时要保持区域体育的特色。

在城乡群众体育协调发展的对策方面，第一，要处理好城乡资源分配与资源流动的关系、国家扶持与主体力量的关系、硬件建设同软件建设的关系，并且把城乡群众体育协调发展的重点放在优化农村体育环境上面。第二，要将社会体育资源进行优化配置和整合。第三，以小城镇的体育发展为桥梁纽带，建立社区、学校和家庭的一体化的群众体育发展模式，从而加强城乡群众体育的联动发展。在《论中国群众体育的非均衡发展》一文中，秦椿林、孟文娣等学者指出，在管理体制、体育人口、地域与城乡三个方面，我国的群众体育是非均衡发展的，并提出了三种群众体育非均衡发展模式，用以促进群众体育的协调发展，分别是：波浪模式、彗星模

式和橄榄模式。在《秦巴山区学校体育与社区体育协调发展的理论分析与路径选择》一文中，作者李龙正提出了关于学校体育与社区体育协调发展的实现路径。首先，协调学校和社区的体育活动可以通过在区域当中成立体育社团的方式来协调。其次，加强本区域内部学校同单位、企业的联合。最后，在本区域内成立自主管理性质的体育俱乐部，吸引学生和家庭参与，有效促进学校和社区的体育发展。在《体育强国视域下我国群众体育发展对策探索》中，刘梅英、田雨普等学者提出，要发展群众体育事业，需要实现后奥运体育事业发展过程中的竞技体育向群众体育的重点转移工作；并且，确立以政府为主、市场为辅的资金来源以及管理模式，达成对体育资源的有效利用，从而提高我国的体育文化软实力，在群众体育理论研究和科技方面加强投入。在目标、责任、监测三个方面，钟卫刚研究了城乡群众体育的统筹发展。他认为，缩小城乡群众体育发展的差距是统筹发展的基本目标，县级政府是城乡群众体育统筹的责任主体；同时，他认为，为了避免不必要的资源浪费，可以建立科学合理的监测指标体系，并且可以对群众体育投入与需求的平衡进行有效的评价。从共生理论视角、动力环境影响因素等其他角度对城乡群众体育的研究，在这里不做列举。

本次研究将在广泛借鉴相关研究结果，遵循指标体系构建的目的性原则、科学性原则、系统性与层次性原则、数据可获得性原则的基础上，构建区域群众体育、经济发展水平的评价指标体系。

通过研究河北省区域经济与群众体育现状，可以看出研究河北省区域经济与群众体育协调发展很有必要且要正视城乡群众体育在发展中存在的问题，提出相应的对策。关于“区域经济”“群众体育”等相关概念的界定在研究当中也有所涉及，这些研究成果的得出，为区域群众体育评估的研究提供了扎实的理论基础。

由于群众体育的发展是一个系统工程，本研究综合了专家咨询、相关研究成果以及相关数据资料，选取了 8 个反映群众体育发展水平的指标。如：（表 1-1）

表 1-1　　群众体育发展指标体系

一级指标	二级指标	单位	指标说明
群众体育	每万人社会体育指导员数 Y1	人 / 万人	公益和职业指导员之和
	每万人街道（乡镇）群众体育工作人员数 Y2	%	街道（乡镇）群众体育管理机构专职与兼职人员之和
	每万人晨、晚练站点数 Y3	个 / 万人	当年末累计站点总数
	每万人国民体质监测受测人员数 Y4	个 / 万人	全国 1897 个机关、企事业单位、幼儿园、行政村抽取有效样本总数
	国民体质监测达标率 Y5	%	全国达到《国民体质测定标准》合格等级以上的人数比例
	每万人体育社会团体组织数 Y6	人 / 万人	单行运动项目、综合运动项目群众体育组织数之和
	每万人体育俱乐部会员数 Y7	人 / 万人	青少年俱乐部、社区体育健身俱乐部、其他健身俱乐部之和
	人均群众体育经费投入 Y8	元 / 人	体育事业经费支出中群众体育经费投入

作为社会发展和群众体育发展的基础，经济发展水平决定了群众体育发展的水平和速度，也决定了其所能够为群众体育发展所提供的物质条件。可以反映一个地区经济发展水平的指标有很多，通过查阅相关的文献，本文选取了 14 个反映经济发展水平的指标，如 :（表 1-2）。

表 1-2　　经济发展指标体系

一级指标	二级指标	单位	二级指标	单位
经济指标	国内生产总值 X1	亿元	地方财政收入 X2	亿元
	全社会固定资产投资总额 X3	亿元	金融机构本外币各项存款余额 X4	亿元
	第三产业产值占 GDP 比重 X6	%	第二产业产值占 GDP 比重 Y5	%

续表

一级指标	二级指标	单位	二级指标	单位
经济指标	财政收入增长率 X8	%	社会固定资产投资增长率 X9	%
	进出口增长率 X10	%	人均 GDP X11	%
	人均财政收入 X12	元 / 人	城镇居民人均可支配收入 X13	元 / 人
	农村居民人均纯收入 X14	元 / 人	GDP 增长率 X7	%

三、关于河北省的区域经济及群众体育的研究评述

（一）河北省区域经济现状研究

任何一个经济区域乃至国家，都不可能孤立于环境而独立存在，其发展都将受到内外部环境的有利或不利因素的影响。在“十二五”时期，经济形势比较严峻且复杂的河北省，通过全省人民的努力，迅速转变了经济发展方式，快速调整了产业结构，持续健康地优化了经济发展的速度和质量。“十三五”时期的到来，为河北省带来了很多重大的机遇，也给河北省带来了更富挑战性的困难。“十三五”将成为河北省历史上跨越困难，转型升级最关键、最富挑战的时期，也是从根本上解决长期积累的深层次矛盾和问题的紧要时期，是推动产业结构调整向“又好又快”发展的极为宝贵的时期。

我国国内研究区域经济发展状况的时间并不长，而且，区域经济差异和政策制定是国内学者的研究重点。下面，对我国区域经济增长的现状研究将从三个级别进行阐述。魏后凯（1992）和杨明洪（1994）在计算 1952 年至 1990 年我国的人均 GDP 的加权变异系数之后，对数据进行分析后得出，1978 年是一个分界线，整个数据表现出收入差距大致呈现为倒“U”型变动；林光平、龙志和和吴梅（2006），以空间经济计量方法为基础，选取人均生产总值的数据，对我国 25 个省区经济发展的收敛情况进行了研究。根据研究的结果，同时考虑省区之间的相关性，可以对一般常用方

法进行研究时产生的误差进行有效的修正。在陈建宝教授的指导下，黄益东（2009）以新古典经济学和新经济地理学为理论基础，并运用空间计量方法对 1978-2007 年我国 31 个省市之间经济增长的空间效应进行了检验，在对我国经济的收敛性的测度方面，引入空间效应之后的模型能够有更好的效果。以“长三角”为例，徐现祥、李郇和王美今（2007）进行了实证分析，结果显示，“长三角”市场一体化对“长三角”成员城市的经济增长在统计上具有显著的作用。通过建立市场一体化指数，卜茂亮、高彦彦和张三峰（2010）研究了“长三角”地区市场一体化的经济增长效应，根据结果可以看出，区域经济发展情况直接影响了一体化的程度。如：在经济发展低迷的时候，非一体化会促进经济的发展；反之，则是一体化的市场会促进经济的发展。武剑和杨爱婷（2010）在对 1992-2007 年间京津冀地区经济空间结构的格局和变化过程进行了空间计量经济学的分析，从结果可以看出，京津冀空间结构属于空间误差模式。

在吴聪聪对省级别的区域经济的研究当中，以山东省为例，对省内的区域经济间的差异进行了实证分析。在文章当中，他运用空间计量方法，对山东省县域经济间存在的空间关联模式和影响山东省县域经济水平的因素分别进行了探讨。王龙、徐刚和屈清等人，以重庆市为例，运用 Arcgis 软件作为处理平台，用区域地图制作的方法制作了区域专题地图，对数据收集、矢量化、属性数据输入与处理直至整饰成图、地图输出的整个专题地图制作的主要过程进行了介绍，目的是为编制区域专题地图提供一定的参考。在高圆圆的研究当中，以安徽省 16 个市为研究单元，首先用描述性统计描述了安徽省现阶段的发展情况，得出了安徽省整体经济发展较快、但各个地区之间的经济存在一定差异的结论；然后，用空间计量方法分析了其经济发展不平衡的各项因素。

在有关于河北省的区域经济方面，已经有很多学者提出了可行性的建议或观点。其中，王业军、栾向晶的《河北省“十三五”时期社会经济发展环境分析》，此文认为，在河北省，应当对行政体制改革进行重点推进，从而将河北省经济发展的原动力激发出来。对河北省各个城市区域的经济功能分区进行精确的定位，并根据此项定位，对北京非首都功能进行有针对性的调整与再布局。张冉的《河北省区域经济差异分析与协调发展研究》

论文指出，对待欠发达地区，河北省政府应当增加政策方面的支持。并且，将财政转移支付制度进行合理规范，对一般性转移支付规模进行扩大，将支持基础设施建设和社会事业发展作为重点支持对象，加大对口扶贫的力度，鼓励社会各个方面对贫困地区的发展予以支持和帮助，最终达到全面提高全省教育水平和人口素质的目的。同时应当把对丧失劳动能力的贫困人口的救助制度尽快建立起来。把重点放在太行山地区资源的综合开发、张承地区的基础设施建设以及黑龙港地区的特色经济发展上面，去探索更加全面有效的扶贫开发方式和方法。在欠发达地区，应当做到资源整合和扶贫工作整体推进，从而改善该地区居民的生产生活条件。再有，史蒙的《基于空间计量模型的河北省区域经济增长研究》中，他认为，在河北省内，应当加强省内区域之间的合作，推动区域间的共同发展，着重发展本地区特色产业的同时，不能轻视落后地区的发展；各地区之间也要加强合作与交流，将区域内部产业规模进一步扩大。河北省有着得天独厚的地理优势：地处环渤海的核心位置，又是京津冀地区的重要组成部分，其发展空间非常广阔。在新中国成立以来，特别是在改革开放的数十年间，河北省已经发展成为一个名副其实的经济大省。到2010年底，河北省的人均国民生产总值已经由2005年的1.47万元提高到了2.8万元，全省的生产总值达到了2万亿元，年平均增长11.7%；省内的全部财政收入达到2410.5亿元，其中地方的一般预算收入就达到了1330.8亿元，分别是2005年的2.3倍和2.6倍；在工业方面，规模以上工业增加值达到了8182.8亿元，较之前增长了1.1倍；全社会的固定资产投资完成14850亿元，其中城镇固定资产投资12921.8亿元，分别增长2.5倍和2.8倍；社会消费品零售总额达到6731.1亿元，增长1.3倍。不仅如此，河北省的基础设施建设也取得了重大进展，南水北调中线工程和京石客运专线的河北段等都作为重点项目加快推进，全省的在建高速公路达到2021千米，电力装机容量新增600万千瓦，各个港口的货物吞吐总量突破5亿吨。而且，河北省的人口总数、地区生产总值、工业生产总值、人均城市道路面积、人均公园绿地面积以及城镇单位就业人员的平均工资等一系列指标在全国均居于前10名，有的甚至是全国第一名。根据统计监测的结果得出，城市化率超过40%且城市化发展综合水平高于全省水平的4个地区全部集中在“一线”地区，而南部和北部地区城市的城市化发展水平和城市化率均低于全省水平。设区市的城市化率的差距在逐步拉大，有 11 个设区市的城市化率高低相差了 17.27 个百分点，与上年相比，扩大了 2.98 个百分点。在 1985 年以后，省会石家庄的 GDP 总量、人均 GDP、财政收入、城镇居民人均生活费收入、农民人均纯收入以及综合生产率等各项指标大部分都居于全省的前 4 名内，而邢台、衡水的排名则在 7、8 名以后的位置；到 2010 年，石家庄的人均 GDP 为 25044 元，而邢台、衡水仅为 10076/12202 元；同样，石家庄的财政收入和城镇居民可支配收入也高于邢台和衡水。由此可以看出，在冀中地区，以省会为龙头，依然有区内经济实力差距悬殊的状况存在。

（二）河北省群众体育现状研究

群众体育作为衡量体育事业发展水平的重要参考指标，是体育事业的重要组成部分。群众体育的发展和经济发展水平之间的关系非同小可，经济发展水平作为群众体育发展的重要基础，从根本上决定了群众体育发展的速度和水平；同时，群众体育发展也极大地促进了经济的发展。现有的文献可以表明，在群众体育同经济的关系方面，很多学者都进行了初步的研究，并且取得了一定的研究成果，但是在群众体育与经济的协调发展方面，学者的研究还是比较少的，特别是群众体育与经济协调发展的方面，几乎是一片空白的状况。

近年来，人们对群众体育的参与度越来越高，引起了政府和学术界对群众体育发展状况的重视，并且在对群众体育如何发展的研究当中，已经取得了相当丰硕的研究成果。这些成果为群众体育的发展带来了很多宝贵的意见和建议，但是，在这些意见和建议当中，以定性研究居多，其可操作性并不强。对于实践中存在的问题，政府以及相关部门无法采取针对性的措施予以解决。而在这个方面的定量研究相对较少，特别是对群众体育发展水平评价方面的研究，可谓是寥寥无几，有关区域群众体育与经济协调发展的研究则更是一片空白。对于群众体育发展的需求，这些理论已经无法满足了。对于目前高校体育资源和休闲体育资源的配置和利用现状，周杨、邓奎、臧连明分别进行了相关的研究，并对其利用效率和评价指标的选取与内涵以及评价进行了相关的分析，希望能够对我国高校体育资源的改革和发展指明新的方向。阳剑、邓罗平根据经验选择，运用特尔菲法，对高校区域体育资源开发评价指标体系进行了构建，其中包含了自然资源，社会资源和环境资源这三个大的方面，并运用层次分析法，确定了各项指标的权重，从而为高校区域体育资源的共享提供了评定指标。

对学校体育资源的开发和利用的相关评估是对体育资源评估的主要集中点，这对群众体育资源的研究意义不大。但是，从资源学的理论出发，对我国城乡学校体育资源评估指标体系的构建，在一定程度上为区域群众体育评估指标体系的构建提供了一些研究思路和方法。

以往群众体育资源研究方面的贡献有：第一，西方发达国家关于群众体育的制度规定、政府管理以及配置方式等方面，启发了我国群众体育的发展；第二，本研究的理论依据来自我国对城乡群众体育、群众体育资源和城乡体育资源的研究中涉及的相关因素，如：我国区域群众体育的相关含义、组成要素、评价依据等。第三，在筛选评估指标的时候，可以参考城乡体育、群众体育和体育资源的相关评估研究中提及的部分评估内容；第四，在大多数的评估研究中，对评估指标权重系数的确定方法、指标筛选方法和原则等方面都做出了详细的分析，这为本论文的研究提供了方法论和依据。以往研究当中存在的不足：第一，从整体上来说，以往的研究缺乏对我国区域群众体育的全局性、战略性和深入系统的研究，并且，没有构建关于我国区域群众体育全面系统的评估指标体系；在对我国的区域群众体育配置与社会公平上缺乏相应的探讨，这对我国正确的区域群众体育配置的“公平观”的形成有着不良的影响。第二，在以往的研究当中，对区域群众体育相关的评估内容不全面，只能展现区域群众体育评估的一小部分，对区域群众体育存在的差距是不能够完全体现的。而本研究当中，将研究对象定位为我国东中西部三大地带覆盖区域的城乡居民（不含在校学生），广泛地借鉴了相关的研究成果，以数据的可获得性为基础，综合运用文献资料法、数理统计法等相关方法，对比分析了不同区域群众体育开展的现状，讨论了群众体育与区域经济之间的关系；然后，给予了我国东中西部三个区域群众体育发展效率一个相对有效的评价，以期能够对不同区域经济与群众体育协调发展的状况进行科学的检测，从而及时发现问题，积极采取对策，这将为促进不同区域经济与群众体育协调发展带来重要的理论价值和实践指导意义。

在 2015 年，河北省的公共体育服务体系建设取得了长足发展，广泛开展了群众性赛事活动，不断凸显出对体育产业的助力作用，使得全民健身事业取得了新的进展和成绩，同时振兴了河北体育事业，为建设体育强省做出了积极的贡献。在这个推进全面建成小康社会的新时期中，应当将体育上升为民生工程。特别是在 2016 年，作为“十三五”的开局之年，河北省的群众体育工作在 2016 年必须服从并且服务于国民经济和社会发展，以协同发展、转型升级、又好又快发展为主基调，让群众体育在促进健身消费当中发挥切实有效的作用，大力支持加快河北转型升级；对党和政府的中心工作必须服从并为其服务，并以全面建成小康社会的总体部署为基准，将群众体育在增强全民体质中的重要作用发挥出来，坚持不懈地为实现全面小康的奋斗目标而努力；在人民群众的需要方面，也必须服从并且为其服务，以经济发展新常态下供给侧结构性改革的时代要求为准则，将群众体育在增强体育惠民实效中的重要作用切实有效地发挥出来，积极提升群众的获得感、公平感和幸福感。要做好“十三五”时期的群众体育工作，必须着重认识和把握这是实现“全面建成小康社会”这一奋斗目标的应有之意。这既是推进健康中国建设的必然选择，也是把全民健身上升为国家战略的基本要求，具体体现了党的宗旨和国家要求。为了加快构建具有河北特色的全民健身公共服务体系，实现河北省区域经济与群众体育的协调发展，要牢牢把握当前面临的机遇和挑战，按照“八抓八促”的工作思路，将“创新、协调、绿色、开放、共享”的发展理念牢牢落实，努力做到乘势而上，顺势而为，统一思想，抢抓机遇，真正做到实干实政。

第四节　研究对象与研究方法

一、研究对象

本文将根据河北省区域经济发展的现状，选取14个经济发展评价指标对河北省区域经济进行论述，再根据目前我国群众体育发展的水平，选取8个群众体育发展水平评价指标对河北省的群众体育开展情况进行分析，希望从两者的评价指标中找出相关性，并针对两者之间的相关性进行论证，以期能够解决两者在协调发展中出现的诸多问题，达成促进河北省经济和群众体育协调发展的目的。

二、研究方法

（一）大量采纳文献资料

本文将从图书馆、CNKI、万方数据库、维普等搜索，采用大量相关的文献资料，查找有关群众体育与经济协调发展的研究成果，并对所得的成果进行梳理和归纳，对本论文的研究现状进行深刻的了解和总结。并根据对研究内容和研究目的的了解，明确需求，运用专家调查的方法，将区域经济、体育产业的发展指标评价体系尽快构建完成，并对各项指标的权重系数加以确定。首先，要组成一个专家调查组，该组由十名精通该领域、熟悉相关研究领域、并且具有丰富的实践经验的研究人员组成；然后，让每个专家分别填写“专家调查表”，并进行3轮的指标筛选，从而确定指标评价体系和权重值。完成此项工作后，运用权重求和法，计算各省（区、市）区域经济、体育产业和群众体育的各自综合得分，最终将综合发展度和协调度的等级评价标准制定出来。

通过对大量文献的查阅可以看出，对我国群众体育资源研究的著作着实不少，且这些文献的内容主要集中在群众体育资源的现状以及开发和利用方面。在现状方面，肖林鹏等人研究并探讨了我国群众体育的人力、财力、物力资源，得出的结论是：我国群众体育的人力、物力资源数量匮乏，且资源质量不高，资源配置不尽合理，资源利用率低等。同年，他又研究了我国群众体育场地设施资源的现状，并且发现，数量短缺、开发利用不足、经营管理不善、法规制度有纰漏等是我国群众体育场地设施资源存在的主要问题。肖林鹏还从开发利用的角度入手，分析了群众体育有形资产和无形资产的内涵，并以我国群众体育资源的开发和配置的现状为出发点，提出了一系列有利于我国群众体育资源开发和配置的方法举措，如：树立科学的群众体育资源观、培养各类群众体育专门人才等。陈绍艳、黄继珍、辛娟娟等人则研究了区域群众体育资源的开发和利用，运用实地调查的方法，对区域群众体育资源的现状和存在的优劣势进行了调查和分析，为区域群众体育资源的开发和利用提出了不同角度的对策和途径。在这些研究中，也分析了我国群众体育资源的概念、分类等基本内容，但是，有关内在特性的深层次的研究相对缺乏。余涛对我国群众体育资源配置系统进行了理论研究，在他的研究中，将群众体育资源视为一个整体，并对群众体育资源构成要素的内涵做了系统的分析，以群众体育资源要素为对象，提出了应该将各级政府和群众体育行政部门、体育社团和群众体育企业三个配置主体，政府制度和社会文化三个配置力，人力、财力、物力、信息资源四大配置客体和市场包含到群众体育资源配置系统结构当中。张莹等人在对我国不同地区群众体育资源配置效率进行评价研究时运用了 DEA 模型，但其主要从技术效率、纯技术效率和规模效率方面，运用技术手段对各地区配置效率做了相关的探讨，并没有过多地分析群众体育资源配置的各项指标。在这些对群众体育资源的研究中，大多数都涉及群众体育资源概念、分类、构成要素等基本内容，为构建区域群众体育评估中的基本理论打下了坚实的基础，为群众体育资源评估指标的筛选提供了有力的理论依据；但其中的市场资源、文化资源在群众体育资源实际配置中不能量化表现城乡之间的差距等要素，并不适合本次研究。

（二）德尔菲法

本文的作者就群众体育与经济发展评价指标体系的构建，运用德尔菲法对群众体育与经济领域的专家进行了从理论方面构建指标体系的咨询。

（三）数理统计方法

以数理统计法为指导，运用变异系数的方法，筛选群众体育与经济发展的指标体系，将小于0.5的指标剔除，达到优化指标体系的目的。在本次研究中，有关区域经济、体育产业和群众体育各项指标数据来源于《2013区域经济统计年鉴》《2013年中国统计年鉴》《2013体育事业统计年鉴》《2014年中国体育产业发展报告》和《2014中国群众体育发展报告》，以上文献中2012年的数据是各项统计指标的原始数据来源。

第二章　相关概念及河北省区域经济与群众体育协调发展现状分析

第一节　相关概念

一、区域经济

进入21世纪以来，随着各级政府对区域经济问题重视程度的提高、各区域经济发展战略的调整，区域经济理论逐渐成为解决我国区域经济发展实践问题的重要理论指导。区域经济理论研究的是特定生产要素资源如何在一定地域空间的优化配置与组合，实现最大产出。

在区域经济发展理论中，区域均衡增长理论、区域经济非均衡增长理论是指导区域发展方式的重要思想，但两者并非相互对立，而是对区域发展不同阶段提出的理论思考。两者都是对区域生产要素资源配置方式的指导思想，非均衡是通过优先发展某些产业带动相关产业发展，均衡增长是经济发展的最终目标。区域发展的关键在于资源存量与资源配置问题。可见，区域发展理论将为体育产业发展环境的研究提供借鉴。目前我国体育产业发展呈现的区域非均衡性特征是客观使然，这种非均衡不仅是区域资源禀赋的差异造成的，也与区域自身体育产业发展模式有关。正如赫希曼指出："非均衡增长是手段，均衡增长是目的。"对区域优势体育产业的研究就是希望通过发挥自身优势，培育区域体育产业的增长极，带动体育产业的整体发展，最终实现体育产业的全面发展。

纵观区域经济发展实践活动的客观现实，可以发现产业发展需要的资源要素在空间布局上并不是均匀分布的，而是在某些区域或特定行业其获得了适宜的环境条件，从而比其他区域的同类行业或同区域的其他行业优先发展起来，这也体现出区域产业布局与产业发展条件的关联性。那么，产业的分布特征或区域经济发展呈现差异化格局的原因是什么？哪些因素决定了这种差异的客观存在呢？

区域经济学研究的三个基本假定是：要素禀赋、成本差异和资源的空间集聚效应。这也成为区域体育产业研究的前提假定。首先，资源禀赋差异是区域产业发展扬长避短、发挥优势的客观基础，这种差异使得区域产业格局存在显著差异。假定体育产业生产要素在空间分布不均匀是客观事实，而且某些要素存在不完全流动性特点，这就使得体育产业赖以形成和发展的区域资源禀赋在质与量上相差甚大，成为体育产业类型差异的基础。假如各区域体育产业的生产要素能够完全流动，最终将实现要素价格、成本和收益趋于均等化，也就不存在区域体育产业。这一点正是区域体育产业研究的理论假设前提之一。资源禀赋差异是解释区域经济与群众体育协调发展的一个必要条件，非充分条件。其次，成本，包括生产成本、运输成本、时间成本、心理成本等，都是影响区域产业类型存在差异的重要因素。体育产业的发展同样需要考虑以上成本，正是由于这些转移成本的存在，使得不同区域在开展某些体育产业时能够利用成本优势，在市场竞争中取胜。这是本研究对区域经济与群众体育协调发展研究的第二个理论前提。最后，由于生产要素的空间集聚效应使产业经济活动与区域在空间上具有不完全可分的特点。空间集聚经济溯源于特定产业的规模经济，企业为降低产品成本、提高生产效率易于在空间集中，形成企业的规模经济。这是形成特定产业能够在某些区域集聚的主要原因，这不仅是区域经济研究的理论假设前提，也是本研究的三个理论假设前提。换句话说，对区域经济与群众体育协调发展的研究是以这些假设为基本前提的，而事实上这些理论假设前提也都是客观存在的。

二、群众体育

群众体育是现代体育的重要组成部分，在国外被称为大众体育（Sports for All）。发展群众体育对于提高民族素质，促进社会主义物质文明和精神文明建设、实现《全民健康计划纲要》的奋斗目标均具有重大战略意义。王则珊《群众体育学》一书对群众体育的定义为：群众体育（亦称社会体育，有的国家称大众体育或国民体育）是指厂矿、企业、事业、机关的职工，城、镇居民和农村农民，以及部队的官兵，为了达到健身、健美、娱乐、医疗的目的，而进行的内容丰富、形式多样的体育活动。秦椿林《当代中国群众体育管理》一书指出，群众体育目前国内有广义和狭义之说，广义的群众体育是指与竞技体育并存的现代体育的重要组成部分之一，本质上它是指广大群众在余暇时间中广泛开展的，以身体运动作为主要手段，以提高健康水平、进行娱乐消遣为主要目的，在身心健全发展的阶梯上不断超越自我，促进社会物质、精神文明进步的大规模社会实践。狭义的群众体育（亦称社会体育）则是指除在学校和武装力量（军、警部队）中开展的体育之外，在社会一切其他行业或活动领域的人们在余暇时间开展的体育。

本研究采用田麦久教授关于竞技体育所下的定义，即：竞技体育是体育的重要组成部分，以体育竞赛为主要特征，以创造优异运动成绩、夺取比赛优胜为主要目标的社会体育活动。由于我国政府的政策文件和官方语言，以及体育行政管理机构的组织部门使用的名称主要是“群众体育”，所以，本研究采用“群众体育”这一概念，并给“群众体育”做如下操作性定义：指除在武装力量（军、警部队）中开展的体育之外，在社会一切其他行业或活动领域的人们余暇时间开展的，以身体运动作为手段，以提高健康水平、进行娱乐消遣为主要目的的社会实践活动。因此，本研究中的群众体育包括学校体育。

三、协调发展

协调的内涵是系统内部各个要素有机合理的配合，它所强调的是一种和谐有序的状态，也指系统内部各个要素的相互配合与合作，这个动态过程是逐渐优化的。一个事物从小到大、从简单到复杂、从无序到有序、从低级到高级的演化过程就叫发展，不仅是量变，质变也包括在其中。协调与发展必须一同存在，协调是实现区域发展的手段。协调和发展的交集形成了协调发展，强调综合整体的发展，“协”与“调”都表达了和谐和均衡，表达了和谐一致和相互配合的意思。协调和发展包含了三个层面的意思：各个要素相互配合协作、对不利于实现目标的行为加以调整、实现状态的和谐优化，整体的发展不允许任何一个要素的破坏。按照协调的要求，系统要素应当综合发展，以达到结构优化、整体优化和共同发展。我国在20世纪70年代末80年代初提出了协调的概念，在七届全国人大四次会议政府工作报告中提出，“协调发展”是按比例的发展。中国共产党第十六次代表大会指出，“科学发展观”的基本要求是“全面协调可持续发展”，并对“五个统筹”做了重点强调。协调发展的目标是实现人的全面发展，按照客观规律，协调各组成部分和整体以及各个组成部分之间的关系，使整体的内部关系发展得更为理想。虽然从发展的理念一提出，经济学、地理学、管理学、统计学、区域规划和哲学等领域从发展的理念一提出就开始对其热捧，但是至今，学术界都没有给其一个确切的概念。刘建朝认为，区域协调发展当中包含着四个维度：分别是经济、社会、环境和空间。潘利认为均衡稳定关系是协调的本质，但是，这不是说均衡的状态只是静态的，还暗含着实现这一目标的过程是动态的。孙洪磊认为协调发展包含着三层意思：持续和共同发展；相互促进；发展的协调不代表它的平等。整体性、层次性、结构性和开放性是区域协调发展的准则。

本书对协调发展进行了研究，结果显示，为了实现河北省区域经济与群众体育的协调发展，要根据区域经济与群众体育发展的过程去探寻合理的制度体制，在时间和空间上，让各组成要素之间相互弥补差距并促进对方的发展。

随着改革开放在20世纪以来的不断深化，地区之间的差距越来越大，面对这些，我国政府提出要“促进地区经济的合理分工和协调发展”。邓小平同志在1992年初发表了南行讲话，提出了“先富后富，共同富裕”的精神，这其实就包含了非均衡协调发展的思想。这次讲话严重影响了中国区域经济政策由不均衡发展到协调发展的转变。在“九五”计划中明确提出“坚持区域协调发展，逐步缩小地区发展差距”。“实施西部大开发战略，加快中西部地区发展，合理调整地区经济布局，促进地区经济协调发展”的指导思想在1997年正式提出，按照西、中、东的顺序，总体安排了各地区的发展。正式代替了“七五”计划中按东、中、西部梯度推进的思想。随着科学发展观和“五个统筹”即“统筹城乡发展、统筹区域发展、统筹经济社会发展、统筹人与自然和谐发展，统筹国内发展和对外开放”的提出，促进区域协调发展的重要途径变成了统筹城乡发展和统筹区域发展。

第二节 全国范围内协调发展的现状和问题

一、我国协调发展现状

中央主要采取了以下几方面的政策措施来优化区域资源配置，促进地区经济协调发展。

1. 对外开放政策全方位实行

具体包括，经济开放区范围扩大，保税区在沿海地区开设，沿边口岸城市以及沿江和内陆省会城市对外开放，国家级经济技术开发区数量增加，出口加工试点正式开展，鼓励外商到中西部地区投资。实施了这些政策，可以使东部沿海地区改革开放的成果得以巩固，也加快了中西部地区的经济发展，并使得开放格局更加多层次、多渠道和全方位。

2. 调整了国家投资和产业布局

投资主体逐渐多元化，降低了中央政府直接配置资源的比重。尽管如此，中央对中西部的投资规模依然在扩大，中央还积极推进沿海地区制造业向中西部地区的转移，促进了中西部地区的经济快速发展。

3. 对国家扶贫和民族地区政策进行完善

中央提出了“集中力量，扶贫济困”的口号，决心尽快消除贫困，解决农村贫困人口的温饱问题。在“九五”计划中，还提出了基本消除贫困的目标。同时，国家还采取了一系列的促进少数民族地区发展致富、加强国家扶贫开发规划的政策措施，国家“八七”扶贫攻坚计划在 1994 年开始实施，即集中社会各界的力量，从 1994~2000 年基本解决全国农村 8000 万贫困人口的温饱问题，进一步增加开展扶贫协助和对口支援的资金投入，为“兴边富民行动”等措施设立专项资金，用以对少数民族地区经济的发展作促进之用。

4. 西部大开发战略得以实施

在世纪之交，区域经济发展差距不断扩大，根据“两个大局”的思想，中央提出并实施了“西部大开发”战略。抓住这个时期的历史机遇，加快开发西部地区，把加快西部经济社会发展同保持政治社会稳定、加强民族团结结合起来，是加快西部地区开发的总原则。把全国第三步发展战略目标同西部的发展相结合，运用转移支付的方式，以国家财力稳定增长为前提，将对西部地区的支持力度进一步加大，以充分调动西部地区自身积极性为基础，利用政策作为引导，吸引投入国内外资金、技术、人才等，在西部地区人口、资源、环境与经济社会的协调发展推进过程中，有目标、分阶段地开展工作。西部大开发在2000年3月明确导入《政府工作报告》，正式启动了西部大开发战略。

5.振兴老工业基地

根据“十六大”报告的指引，支持东北地区等老工业基地“加快调整和改造，支持以资源开采为主的城市和地区发展接续产业”。具体措施包括，重点投资资金、技术和基建项目、财政政策宽松、以减免贷款为主的金融支持和治理社会保障试点及沉陷区。

二、协调发展中的问题

早在20世纪90年代初期就已经提出促进地区经济协调发展的总方针，但是，观察整个20世纪90年代，中西部地区逐步成为国家区域经济政策支持的重点。在这个阶段，基本实现了国家“八七”扶贫攻关计划目标，对农村贫困地区的开发取得了较大的成就。但由于区位优势和政策的优惠，沿海地区依然保持着快速且持续的经济发展，因此我国的地区经济发展差距依然在扩大。第一，中央对中西部地区加大了投资。中西部地区全社会固定资产投资增长速度由于国家财政投资的积极引导而逐步快于东部沿海地区。“沿海与内地全社会固定资产投资相比，已经开始下降。”西部省区市在西部大开发战略实施以来，明显加快了全社会固定资产的投资增速。在这期间，“西高、中中、东低”逐渐成为各地区固定资产投资增长的大体格局。但是，西部地区的投资环境还是不完善的，基础设施建设也相对薄弱，因此，国家在西部投资的增加并没有带动民间资本的增加，民间投资的重点区域依然是沿海地区。第二，区域经济差距继续扩大。由于西部地区基础相对薄弱，而国家的新增投入却向基础设施方面集中，这导致了，即便国家加大力度支持西部，而且西部地区的经济也确实得到了迅速的增长，但是地区之间的差距并没有因此而缩小。第三，农村扶贫工作长足进步。国家相应的政策支持和不断的经济投入，进一步改善了落后地区贫困人口的生活状况，人民的生活整体达到温饱。中国政府投入大量的资金用于扶贫工作，帮助绝对贫困的人口脱贫，并得以温饱。贫困率大幅降低，办学条件改善，并大幅改变了交通和医疗条件。因此，想要从根本上解决和消除绝对贫困，这条路还是艰难并且漫长的。

第三节　协调发展的评价方法

一、协调发展的评价原则

衡量人物与事物价值所应用的方法就是评价方法。构建协调发展的评价方法机制的原则主要从科学性、全面性、层次性、可获得性、区域性以及动态性六个方面分析。

1. 科学性

要依据科学理论建立指标体系，使其充分体现科学性，要选取能够准确、客观地反映环境经济协调发展的内涵的指标，能够切实可行，确保评价结果的公正、客观。

2. 全面性

选择指标的时候要以研究区域的特点为依据，选出能够形成有机整体并全面反映环境经济系统的发展状况的指标；同时，必须选择有代表性的指标，可以充分地反映区域环境的经济发展水平。

3. 层次性

区域的经济环境系统的结构是具有层次性的，因此，在选取指标的时候，也要按系统结构的层级进行筛选，确保选出来的指标可以准确地反映系统内各个层次之间的相互关系和各个层次的特点，使其可以方便使用。

4. 可获得性

应当以数据可获得性为基础，进行指标体系的构建和指标的获取。选择的指标要有代表性，选出的数据必须准确，可以获得并且定量化可行。尽量利用现有的统计数据，使数据具有应用的可操作性和可比较性。

5. 区域性

各区域在环境状况和经济发展方面的差异性主要来自各区域的自然条件、发展历程和历史背景等方面。因此，必须依据各区域的实际情况，评价该区域的环境经济协调发展水平，构建合适的指标体系。

6. 动态性

区域的协调发展是动态的，因此，要选取能够体现某个年份区域环境经济协调发展水平的指标，而且还要对某年份区间协调发展状况进行调查，进而预测其发展的趋势。

因为要分析河北省区域经济与群众体育发展之间的协调水平和发展状况，所以才构建协调发展的指标体系。要使区域环境经济发展协调程度得到客观的反映，需要采用多个指标进行综合评价。根据指标体系的构建原则，在各指标的基础上构建区域环境经济协调发展指标体系，其中包括了环境和经济两大因子。其中，区域发展的水平是由经济因子体现的，区域环境状况是由环境因子体现的，两大因子共同体现了指标体系的整体性。因此，该指标体系是一个综合的指标体系，主要由总目标层、目标层、要素层和指标层构成。

二、体育与经济协调发展的相关理论

群众体育与区域经济密切相关，这是因为经济发展是群众体育发展的基础，也是促进社会进步和群众体育发展的动力，体育经济投入、体育场馆、体育设施及群众体育消费情况受到经济水平的直接限制。反过来，经济的发展也需要群众体育的发展为其提供动力，它能够提高劳动者的素质，而且能够推动与体育相关产业的发展。

（一）可持续发展

经济随着人类社会的发展而取得相应的发展，但环境问题也随之而来，环境污染和生态破坏是环境问题的两个主要方面。高消耗和高污染是传统发展模式的必由之路，却只看到了经济效益而忽略了破坏环境所带来的后果。这种发展模式导致了人与自然尖锐的矛盾，不仅对当前的发展有阻碍，也会严重影响到子孙后代的发展。“可持续发展”源于生态学，在最初是指对资源的管理战略。1980 年，“可持续发展”一词在国际自然保护同盟制定的《世界自然保护大纲》中被首次提出，之后在各个学科领域广泛应用。1972 年，“持续增长”和“合理的持久的均衡发展”的概念在《增长的极限》中被提出。1987 年，可持续发展的概念在《我们共同的未来》中正式提出，全世界开始重视环境和发展的问题。在 1992 年的联合国环境与发展大会上，认可了“可持续发展”。之后，可持续发展战略在《21世纪议程》《气候变化框架公约》等文件中相继被提出，并要求全球付诸行动。这表明环境与发展有着密不可分的关系。可持续发展强调的是共同的、协调的、公平的和多维的发展。公平性、持续性和共同性是可持续发展必须坚持的三大原则。可持续性要包括环境承载能力、发展支撑能力、生存支撑能力、社会支撑能力和智力支撑能力5种能力。在人类的可持续发展当中，经济可持续是基础，生态可持续是条件，社会可持续是目的。以人为本的“自然——经济——社会”整体系统的稳定发展是全人类的目的。在可持续发展当中，要求采取科学的经济发展方式，经济的数量和质量并重；确保资源的持久利用和生态环境健康；社会的全面进步是它的目标。可持续发展是时代发展的理念，通过这一途径可以解决人和自然的矛盾，它作为基本原则指导着区域的发展，在理论上指导区域的协调发展。

（二）关于区域协调发展的理论

我国很久之前就有了协调的思想，中国古代儒家的“中庸”以及“天人合一、兼容并包、以人为本、物竞天择和适者生存”的思想和道家的“无为”的思想都蕴含着协调。经过“平衡——均衡——和谐——统筹”一系列演绎才发展出了最终协调的概念。协调发展理论起源的基础是人类发展历程中对“人和自然”关系的认识和反思。在我国，确立了“可持续发展”“科学发展观”和“统筹发展”战略思想，以此诠释了协调发展的理念。要实现区域的可持续发展，需要以科学发展观为指导，并利用协调发展的手段。协调和发展之间的关系是相互依存的，协调是衡量发展的标准，也是发展的核心和目标。区域协调发展要从“以人为本”出发，尊重客观的发展规律，逐步摆脱物质的、静态的、封闭的协调而发展为全面的、动态的、开放的、多层次的协调。协调是一种配合得当、融洽相处的关系，在尊重客观规律的基础上，运用各种力量、手段和方法，达成一种和谐理想的关系，最终实现区域的整体目标。区域的发展是一个螺旋式循环上升的历程，经历了从不协调到协调的发展。区域内各组成部分和谐一致，实现由低级到高级、由简单到复杂、由无序到有序的总体发展是区域协调发展的要求。区域的整体发展不允许某个部分的阻碍，而是追求整体优化，强调综合性的效果。区域系统是复杂且开放的，每个组成成员的背景、特征以及发展机制都是不同的，区域的基本现状就是各地发展不平衡。为了将地区差距缩小，使得区域整体可以和谐发展、综合效益最大化，各个成员在解决区域发展面临的难题的时候要采取协调的手段。区域整体利益是区域协调发展的出发点，实现了区域全方位的整体协调，可以促进区域产业布局的合理化，经济发展的平衡化，提高人民生活水平，提升社会文明建设，构建良好生态环境。当区域发展的治理理念变成协调发展的时候，会逐步改善区域中不和谐的表现，区域中将会有自由流通的生产要素。在区域内，经济社会水平、生态环境以及人民生活状况都会进入良性发展的状态。

（三）科学发展观

中国特色社会主义必须坚持和贯彻我国经济社会发展的指导方针，也就是科学发展观的战略思想。胡锦涛在2003年提出了科学发展观，指的是“发展要坚持以人为本，要全面、协调、可持续地进行发展，最终促成人和经济社会的全面发展”。胡锦涛在十七大中指出，发展是科学发展观的第一要务，以人为本是核心，全面协调可持续是基本要求，统筹兼顾是方法，并在党章中也写入了科学发展观。科学发展观以我国基本国情为依据，坚持科学的发展道路，将政治、经济、文化、社会、生态环境的建设进行全面推进，使得各个方面可以互相协调。在社会发展的历程中，树立科学发展观，从根本上影响了社会发展道路和发展战略的制定，使理论和实际结合起来，将思想转化为行动，让科学发展观得以深入贯彻，理论性地指导区域的协调发展。全面性、协调性、可持续性是科学发展观的一贯思想，协调是可持续发展的主要方法，要确保资源合理开发、经济发展和环境保护同步进行。为了人和自然的协调发展，需要将社会建设成资源节约型和环境友好型的社会。从人民的利益出发，建立和谐的社会，经济科学得以发展，良好的生态环境得以构建，最终实现社会经济永续发展，是可持续发展的终极目标。

以人为本是科学发展观的核心。以人为本的“人”，就是指最广大的人民群众。只有从最广大的人民群众的利益出发，才能保障群众体育的发展。坚持以人为本就是要多方面不断满足人的需求，包括全民健身的各种体育设施需求以及体育人才需求。科学发展观不是片面的发展，而是那种全面的、协调的发展，这符合我国实现经济与群众体育协调发展的必然要求。当然经济基础决定上层建筑，任何领域的发展都要以经济建设为中心，发展好经济才能为群众体育的发展提供物质保障。协调，就是要使各方面的发展相互适应，而且还要有连续性与持久性。可持续发展，就是要促进人与自然的和谐，实现经济发展和人口、资源、环境相协调，坚持走生产发展、生活富裕、生态良好的文明发展道路，保证一代接一代地永续发展。科学发展观的根本方法是统筹兼顾。统筹发展关系到缩小城乡差距与各地区差距。目前我国的国情是，无论是在经济上还是在群众体育发展水平上都存在差异。统筹兼顾是我们中国这样一个十几亿人口的发展中大国治国理政的重要历史经验，也是我们处理各方面矛盾和问题必须坚持的重大战略方针。坚持统筹兼顾，就是既要总揽全局、统筹规划，又要抓住牵动全局的主要工作、事关群众利益的突出问题。

（四）体育的公共服务

马斯洛提出了需求理论，人的需求以对人生命存在的重要程度和人的需要在发展中由低级向高级的递进次序为依据，可以分为生理需求、安全需求、归属需求、尊重需求以及自我实现需求这五个层次。

从经济学意义上来讲，体育需求指的是在消费人群、区域、时间、市场环境和市场推广计划都特定的情况下，为了满足自身相应的需要而产生的体育劳务或服务商品的需要，指的是能够并且愿意购买的体育劳务或服务商品的需求。可以将体育需求理解为，为了适应生活和发展的需要而提高人的身体潜力和精神潜力，从而产生的非生产性活动的欲望及相关的要求，它能够影响或引发行为与其他心理活动。

体育需求包括非经济性的体育需求和经济性的体育需求两个方面。人们无须支付一定的货币就可以实现的需求就是非经济性的体育需求，通常是指面向社会政府或体育产业部门无偿提供的各种体育劳务或服务产品。人们必须运用购买的手段实现的需求就是经济性体育需求，这种需求需要通过货币来实现。本文中所说的体育公共服务需求包含了这两种需求。所以，体育公共服务需求，既可以满足基本的生存属性，又可以满足人们的发展性需求。本文参考了相关的概念，认为体育公共服务需求是一个有机的整体，包括了六个服务的类型，即体育公共活动服务需求、体育公共组织服务需求、体育公共场地设施服务需求、体育公共信息服务需求、体育公共指导服务需求和体育公共政策法规服务需求。我们为了更好地认清事物的本质，可以按照不同的标准对公共服务进行分类。同样，进行分类以后，我们可以更好地认清公共服务的本质。按照不同的标准，公共服务可以分为以下几个类型：按照特征，可以分为准公共服务和纯公共服务两种。完全非竞争又完全非排他的是纯公共服务，一般指的是国防、外交等领域国家免费提供的公共服务，主要由公共财政来支撑，责任主体是政府。而那些不完全具有或者是不同时具有非排他性和非竞争性的公共服务则是准公共服务，政府通常将这类服务委托给公园、博物馆等事业组织，他们的管理是需要收取一定的费用的，但是，要按照非营利性的原则进行收费。

按照公共服务的功能可以将公共服务分为维护性公共服务、经济性公共服务和社会性公共服务三种。公共服务中最基本的服务就是维护性服务，例如国家行政管理、国家安全、执行法律维护等。政府为了促进经济发展而提供的公共服务是经济性服务，就像是政府对经济行为的规范、对公益性设施的管理和投入等。政府为了促进社会公正与和谐，为全体社会成员提供的公共服务就是社会性公共服务，例如教育、环境保护、医疗、公共事业等。随着经济发展水平的提高，政府公共服务的主体和核心逐渐成为社会性公共服务。按照公共服务的水平可以把公共服务分为基本公共服务和非基本公共服务。政府为了使社会基本公共需求得到满足，对手中的公共资源进行统筹安排，并为社会提供物品和服务，总称为基本公共服务。其中包括基本的社会保障、医疗卫生和义务教育等。政府通过运用掌握的公共资源，为社会提供相应的物品和服务，从而满足社会更高层次的公共需求的，总称是非基本公共服务。

第四节　区域经济与群众体育协调发展关系

一、区域经济与群众体育的协调发展系统

将各省市区域经济、体育产业和群众体育之间的综合发展度与协调度进行等级划分，可以看出，经济较为发达的中部和东部地区集中了综合发展度与协调度在上等和中上等区域的地区；而在经济欠发达的西部地区则集中了综合发展度与协调度在中等和中下等区域的地区；而在经济落后的西部地区则大多是综合发展度与协调度在下等区域的地区。而错位式的特征则表现在综合发展度与协调度在不同等级区域上。

（一）综合协调度高于综合发展度

福建、辽宁、河北、山西、重庆、陕西和云南属于综合发展度与综合协调度不在一个评价等级上，且综合协调度等级高于综合发展度等级。由于这些地区经济发展水平相对较低，投入到体育产业和群众体育的资源也相对较少。所以，其综合发展度较低。但是，这些地区经济的发展同区域经济、体育产业和群众体育综合协调发展相协调，而且两者之间是相适应的，所以其综合协调度比较高。这些地区应通过体育产业拉动群众体育和区域经济的共同发展，着重发展影响综合发展度的关键因素，促进体育产业的快速发展，提高综合发展度。区域经济的快速发展提高了人民的生活水平，也会促进体育产业的发展从而带动群众体育的发展。

（二）综合协调度低于综合发展度

上海、四川、浙江、北京和山东属于综合发展度与综合协调度不在同一个评价等级上，且综合协调度等级低于综合发展度的。由于这些地区经济比较发达，有相对较高的经济总量，在体育产业和群众体育方面投入了相对较多的资源。所以，在综合发展度上，这些地区较高。但是，这些地区的体育产业和群众体育的投入不适应经济发展的水平，造成了失衡，所以有较低的综合协调度。这些地区应当着重提高综合协调度，把影响综合协调度的关键因素作为发展的重点。政府要将资源大量投入到群众体育当

中，广泛开展全民健身活动；加强宣传力度，转变消费观念；引导群众将消费重点放到体育方面，同时开发一些体育健身娱乐市场来适应大众的需求，从而让人民群众的健身需求得到满足。

（三）综合发展度与综合协调度相等

江苏、广东等其余19个地区属于综合发展度与综合协调度评价等级相同，综合发展度等于综合协调度。这19个地区有着基本一致的经济发展水平与体育产业、群众体育的发展水平，综合协调度高的地区综合发展度也不低，反之亦然。这些地区应当从这两个方面共同入手，在广泛开展群众体育事业的同时大力发展群众体育产业。一方面，用体育产业的发展来带动群众体育的发展，进而将区域经济带动起来；另一方面，群众体育的发展促进了体育产业的发展，进而将区域经济带动起来，这样就可以实现区域经济、体育产业和群众体育共同、协调发展的目标了。

社会发展和群众体育发展的基础是地区经济、高度一致的群众体育发展水平和经济发展水平。一个国家或地区的体育运动发展的前提指标是国民生产总值和国民平均收入等基本指标。体育经费的投入水平和体育场地设施的建设水平都受到经济水平的制约。经济发展水平、经济能够为群众体育发展提供的物质条件、经济发展带来的个人经济状况以及由此引发的人们在观念、思维方式和行为方式等方面的变化，从根本上决定了群众体育发展的规模、水平和速度。同样，群众体育的发展能够提高劳动者素质，进而促进了经济的发展，故国民经济的发展也会受到体育相关产业发展的影响。

在我国，虽然群众体育的发展不像竞技体育那样辉煌，但是，人民生活水平也在随着经济的增长而提高。人们的闲暇时间愈发充裕，也广泛地传播了体育文化。越来越多的人加入了体育运动的行列，从而使得群众体育得以不断成长。人们更多地接受了“花钱买健康”的理念，大众消费领域的热点话题已经转入体育消费，群众体育已经从福利过渡到了消费，并且逐步走向市场化。学者认为，要使体育消费在消费需求中明显活跃，恩格尔系数至少要达到40%以下，这样才能进一步提高体育消费水平。我国2007年农村的恩格尔系数为43.1%，而城镇则为36.3%。据统计，目前在我国总人口当中，经常参加体育活动的人口为37%。此外，如今在人们的生活和工作当中，体力活动已经越来越少了，各种文明病则随之而来，人们慢慢地接受了“健康第一”的指导思想。研究表明，人在八九十岁的时候还是可以训练肌肉力量和肺活量的，而且体育锻炼可以预防接近三分之二的疾病。一旦这些研究成果成为人们的常识，人们必然发自内心迫切而且自觉地进行体育健身。随着越来越多的民众积极参与体育锻炼，人们需要更多的体育场馆设施和全民健身工程。逐步提高的人民生活水平和日益扩张的现代化建设，导致城市提升形象和促进精神文明建设的重要途径变成了开展体育活动，建设和规划群众体育场地、场馆和设施以及提供群众体育服务，而且受到了政府和广大居民越来越多的重视和欢迎。越来越多的闲暇时间、日益丰富的物质生活、逐步增长的居民可支配收入，使人们更多地参与到体育活动当中，人们在日常生活中越来越需要在休闲中放松心情、沟通情感、释放压抑、消除疲劳、发展个性、增强体质和增进健康。由于我国地域辽阔，各地区经济基础和发展条件有所不同，各地区之间资源的差距比较大，以东部和中西部以及城乡之间的差距最为明显，这种差距在体育当中也是十分明显的，如体育人口比例、锻炼方法、运动项目、组织形式、价值取向等。经济因素和社会生活方式等因素导致了这些差异的形成。城镇居民多为工薪阶层，他们的收入、工作时间和闲暇时间是比较固定的。一个国家的经济发展同体育体制必须是相适应的。同样，体育运动发展的规模和速度从根本上由社会的物质生产水平所决定，这同时也决定了体育事业内部的结构和比例。区域经济发展的指标包括 6 个可操作的三级指标和 2 个二级指标；群众体育发展指标包括 8 个可操作的三级指标和 3 个二级指标。资金投入 > 场地面积 > 人员数量是群众体育指标与区域经济总量的贡献关联度排序；人均经济总量 > 场地面积 > 资金投入是群众体育指标与人均经济总量的贡献关联度排序。人均经济总量是影响群众体育发展人口数量指标的关键因素；经济总量是影响场地面积和资金投入的关键因素。发展群众体育来促进区域经济的增长，需要在群众体育事业当中投入更多的资金，重视建设和运营体育场馆。促进群众进行体育锻炼的根本因素是增加居民收入和提高进行体育锻炼的人口数量。所以，各个地区要做好体育宣传工作，同时也要将居民收入努力提高到一个新的水平。

在《改革开放以来我国群众的发展与思考》一文中，杨巧、王凯珍等提出，我国群众体育的总体态势会随着全民健身计划的实施而持续、快速、健康地发展。具体来说：第一，更加凸显出群众体育在社会发展中的地位和作用。第二，将逐步建立面向大众的多元体育服务体系。第三，今后一段时间群众体育工作的主要任务将主要包括场地建设、组织筹备、法规建立、开展活动和引导消费。第四，群众体育发展的主要趋势依然是生活化、社会化、法制化、产业化和科学化。第五，群众体育的发展将会随着 2008 年北京奥运会的举办而得以促进。

在《全面建设小康社会进程中我国群众体育发展趋势及对策研究》中，李宗浩、肖林鹏认为：第一，逐步增加的体育人口数量；第二，体育的投资意识和消费意识随着体育需求意识的不断提高而逐渐成熟；第三，由一元化的体育需求动机逐渐向着多元化发展；第四，更为多样化的活动形式和日益丰富的内容引领着体育消费向着多元化发展；第五，日益明显的体育需求产品和服务；第六，逐渐淡化的体育活动边界。

在《我国群众体育发展走向与对策》一文中田玉普认为：第一，以计划管理模式为基础，将依托社会，多方参与，与社会主义市场经济相适应的群众体育管理体制确立起来；第二，逐渐由福利供给型的运行机制转变为消费市场型；第三，群众体育的国际性将在继续保持鲜明的民族特色的同时得以加强；第四，群众体育锻炼的数量和质量都明显提高，城市职工体育的社会化和多样性取代了集体化和统一性；第五，群众体育在农村乡镇和富裕村屯首先开展，这牵动了农村群众体育的转变；第六，作为国家体育工作的重点，群众体育将会受到体育界乃至社会各界的普遍重视。

在《中国群众体育现状调查与研究》中，任海提出未来群众体育发展的趋势应当是：第一，封闭性的组织体系逐渐发展为网络型的组织体系；由单一的行政指令性运行机制逐渐发展成为多元化的经营管理型运行机制；第二，群众体育设施不足的现状到 2010 年将会得到缓解，目标市场初步形成。第三，短时间内，我国城乡体育形态上的差异不会消失，并且还会针对自身内部不同的人群特点和地区特征而出现更多的种类；第四，多维度开展体育活动，并结合其他文化形式呈现；第五，明显改善我国体育人口的数量和质量。

从上述状况来看，在市场经济的条件下，我国会有比较乐观的群众体育发展速度和趋势，在很大程度上也提高了人们参与群众体育的程度，人们的体育消费需求逐渐增长，群众体育因此有了良好的消费基础，体育消费随着群众体育的发展而日益增长，解决这一问题的必由之路变成了消费需求的扩张。

西方发达国家的经济学家，利用各种模型简化了市场当中的一般现象，将市场运行中的主要矛盾分离出来，较多的影响因素和不断加大的不可控变量都需要简化和合理假设我们的模型。我国学者根据西方经济学家提出的消费理论，提出了 Working 模型、AIDS 模型、ELES 模型等一系列“需求分析模式”，体育消费需求分析模式构建的根本理论依据就是这些模型。

研究市场当中市场供给和需求的关系是西方经济学的本质，体育市场的主要矛盾是供给和需求。要使我们能够直观地了解生产者和消费者针对市场运行过程中的影响因素所作出的反应，需要对供给和需求进行研究。分析得出，体育市场符合市场学的一般规律、市场供给和需求的变化趋势。因此，针对分析结果，以消费者体育消费行为方面为出发点，用供给需求理论做指导，分析研究体育消费者对体育产品的不同选择和多项选择，以此为依据，建立起“需求选择分析模式”。唐国保、谢小龙在《体育消费需求模式的构建》一文中演化出需求选择分析模式，与平顶山市新华区群众体育消费需求研究的实际情况更为贴合。将群众体育消费需求根据群众的体育消费行为进行细分，方便研究者的统计评价。准确地把握各项消费品的需求和体育需求总量，利于对体育产品进行宏观调控；有利于消费者选择体育产品的时候以自身的情况为依据；同时也指明了体育产业的投资方向，减少了盲目投资。

二、区域经济与群众体育协调发展关系分析

（一）区域经济与群众体育现状分析

现代化这个大系统的两大要素是体育和经济，两者既有内部联系又有外部联系。外部联系表现为：体育产生和发展的基础是经济，社会经济发展到一定阶段才产生了体育，体育的发展受到经济发展的制约。一般来说，经济的发展带动体育的发展，社会经济发展的状况和水平是由体育运动的规模和水平反映出来的。另一方面，体育是影响经济发展的一大因素。体

育与经济之间相互渗透、重叠和交叉的关系是体育与经济的内部联系，又或者是在体育部门内部形成的经济问题和经济关系。体育当中一个重要的部分就是群众体育，经济发展与群众体育发展相互作用、相互联系。

群众体育活动的开展与人们的文化生活息息相关。从学科认识上，群众体育学影响了人们的身心健康，需要在发展推动群众体育活动开展的过程中有意识地创造必备的条件。当然，这一点由各地对体育事业经费投入的程度和经费的有效利用情况决定。各方面的体育投入受到经济和国民经济储量的直接影响，在比较贫困的地区，许多群众没有时间和条件进行体育锻炼，且无法从根本上全面改变群众长期形成的传统体育文化意识观念，这些都严重制约着群众体育活动整体水平的提高。

可以看出，群众体育发展的重要因素是经济的增长，人民群众的体育消费意识是随着经济的增长而提高的。只有经济增长了，群众体育才能协调发展。快速增长的经济促进了群众体育的发展，社会和群众体育发展的基础都是经济。经济发展的水平、经济发展所能够为群众体育发展提供的物质条件，经济发展带来的个人经济状况及由此引发的人的观念、思维方式和行为方式的变化决定了群众体育的发展规模、水平和速度，对体育事业经费投入的多少、体育场地建设状况和人们的体育消费水平等方面是经济对群众体育发展的主要影响。人们对物质文化水平的需求随着经济的增长而逐渐提高，有了更多的闲暇时间，不断地提高了自身的健康水平，人们对身体活动的重视程度直接影响了健康水平的提高。人们的生活压力随着经济的增长而逐步增大，“文明病”开始蔓延，这引起了社会的重视，人们开始寻求途径来增强自己的体质，提高自己的健康水平。人们从《全民健身计划》的实施中看到了希望，慢慢改变了以往在观念上对体育运动的看法，更多的民众参与到体育锻炼当中。政府和社会也加大投入开展群众体育活动，给予群众体育活动开展以大力的支持，增加了活动资金，提高了人们的锻炼意识，增加了参与活动的人员数量，群众体育得以蓬勃发展。

（二）体育经费与经济的关系

通常情况下，在宽松的财政政策之下，投向体育的经费会随着经济发展的水平而变动。因此，一个地区的经济实力决定了这个地区的体育活动经费的多少。因为体育产生和发展的基础是经济，经济发展到一定的阶段才会产生体育，体育的发展受到经济发展的影响。一般来说，随着经济的发展，体育也得到了发展，体育经济已经是国民经济的一部分了。所以，体育经济在国民经济中的比重随着经济的增长而不断增长，尤其是在推广了《全民健身计划》以后，国家和社会已经越来越重视体育经济，将大量的经费投入到体育活动当中。人的精神物质消费意识会在经济达到一定水平的时候被唤醒，这也决定了消费的取向，提高了人的健身意识，体育锻炼的开支逐渐在家庭或个人开支中占有一定的分量，政府在将更多的资金投入到群众体育活动和人们的体育锻炼方面，将群众体育活动经费的水平提高了。在“十三五”期间，重庆市政府增加了对整个河北体育的财政投入，尤其以基础建设的专项资金为主。在很大程度上，这笔资金改善了河北省体育基础设施的状况。今后，群众体育活动的经费会随着经济的发展而得到更大的提高。

体育场馆设施的建设水平随着经济的增长而提高，作为人类社会发展的基础与保证，体育场馆设施建设水平与体育事业经济投入相类似，一同决定了当地的经济实力。经济的增长促进了体育场地设施的建设，面对体育场地设施数量不足的情况，要更多地建设一批收费合理、形式多样的群众体育健身娱乐中心，重视社会与政府的结合，可以依靠市场的力量，为人民建设更多的体育场地设施，从而积极探索新思路、新方法、新模式来建设体育场地设施。顺利地实施了我国全民健身计划第一期工程以后，我国群众体育场地设施逐步增多。我们党在社会主义现代化建设当中，要把以人为本，全面、协调、可持续发展观的工作思路作为指导思想。我们相信，我国的全民健身事业可以在全面建设“小康社会”的奋斗目标框架内，在“三个代表”、科学发展观的指引下谱写新的篇章。经过调查，目前，重庆市的群众体育场地设施数量已经增加，提高了体育场地设施的开发利用率，也提高了体育场馆经营管理的水平和效益，而且更加严格地建设和实施了体育场地设施法规制度，这都是经济增长和国家社会重视的功劳。

（三）实现区域经济与群众体育协调发展的可行性

不同区域发展不均衡是供需矛盾导致的，群众体育资源不足、体育物质基础薄弱、群众多样化的体育需求三者之间存在着矛盾；不同地区群众体育事业发展不平衡和群众在享有基本体育权益方面的不公平是不同地区之间、不同群体之间的供需矛盾导致的。主要表现在：不同的地区享有的公共体育设施和服务是不均衡的；主要原因是计划经济体制下，行政指令性的资源配置制度不同。

在协调区域经济与群众体育的发展中，政府起着至关重要的作用。政府缺乏履行公共服务职责意识是导致区域经济与群众体育未能协调发展的主要原因。主要表现在：在政府的主导下，没有足够的工作职责意识和旅行职责的意识，主要推手依靠的还是体育管理部门。而体育部门没有履行自己的监督职责去实施《"十三五"公共体育设施建设规划》和《全民健身实施计划》；没有从制度上保障全民健身的经费，比较随意。而省市地区没有有效地协同工作机制去实施全民健身计划，主要表现在体育部门没有牵头颁发文件和传达任务。在解决全民健身发展中的难点和新问题时，横向部门之间的联动性能力差。没有完善的部门协同机制，低下的运行效率，并且还没有建立起长效的齐动、联动、互动机制。

除了上述的原因，还在于没有建立全社会共同参与的机制。当前正在逐步形成全民健身的热情、以崇尚健身为荣的社会氛围，但是，由于很多主客观因素限制了各类各级体育社会组织开展群众体育活动，例如：参与渠道不畅通，动力不强，缺少政策支持等。这些问题出现的原因主要是没有建立地方体育总会和单项体育协会，以及《全民健身计划》实施过程中没有建立全社会共同参与的机制。

（四）各省国民经济指标与群众体育的关系

从现状来看，在国民生产总值和人均GDP方面，东部地区占全国第一，全民健身的基础设施如体育健身场馆的数量也都排在全国首位。除东三省以外，中西部的国民生产总值和人均GDP都相对落后，全民健身中的体育设施和健身点的数量也相对较少。因此，全面健身工程和体育场馆的数量受到国民经济收入的直接决定，群众健身活动中的体育设施和体育场馆同经济发展也有着密不可分的联系。全民健身工程总面积与地区生产总值、人均GDP、城镇人均可支配收入之间高度相关的关系，说明地区经济的发展显著地影响了全民健身工程的增长。

（五）区域经济与群众体育协调发展的指导意见

1. 根据经济发达国家的发展历程看出，地区经济的发展和居民的文明程度都影响着闲暇活动方式的选择。在经济发展快、文明程度高的地区，群众体育活动是闲暇时间的首要选择。

2. 经济发展水平与群众体育的发展高度相关。经济是社会和群众体育发展的基础和必要物质条件。我国现状是，有较好的经济状况，东部地区较为优秀。

3. 我国群众体育发展不平衡，没有完善的体育市场体系，需要进一步完善与体育市场配套的法规、政策等。表现出不平衡的全民健身工程和体育场馆数量分布，大多集中于东部，中部和西部相对较少。

4. 大力开展群众体育文化活动，在城市和社区构建群众体育文化设施，这需要城市经济的支持。可以说，群众体育文化水平从根本上取决于城市经济发展的水平。

5. 我国政府给体育事业的预算费用很少，体育经费不充裕。必须依靠全社会的力量，依靠多个社会成员的力量开展群众体育，应当积极鼓励在群众体育的基础建设和活动开展上投入各类社会资金。

6. 根据各地区的相应特点，选择合适的群众体育项目，把群众体育活动与娱乐性、生活性、民族性、节日性的实践结合起来。

7. 树立科学发展观，将地区和城乡群众体育的差距缩小，以经济发展为依据，有步骤地开展农村群众体育活动。农村体育一天不发展，中国的群众体育就一天不能问鼎现代化，全民健身也就永远不可能实现。政府要充分发挥管理职能，要在给予优惠政策的同时，多增加对中西部以及农村体育基础设施的投入。如果不转变政府的职能，不从单纯的行政管理的管理方式着手进行政府职能转变，简政放权，转变为服务型政府，就会对群众体育的管理水平和效益造成直接的负面影响。

第五节 河北省区域经济与群众体育协调发展状况分析

一、体育产业蓬勃发展

河北省经过多年的努力，在群众体育协调发展尤其是群众体育与经济相结合的体育产业方面取得了一定的成绩，主要表现为：

1. 民众逐渐崇尚“花钱买健康”

近年来，河北省建设并完善了许多体育设施，向全社会开放了更多的体育健身活动场地，增加了健身娱乐的项目，促进了大众对体育的消费，使河北省的健身娱乐市场得到了良好的发展。羽毛球、篮球、乒乓球、网球和足球体育场馆对外开放最多，大多数实行分时段收费和月票、年票及会员制等形式进行收费，可以满足各种群体的消费需求，有了相对固定的消费群体。

2. 不断推出新的体育产业经营形式

主要以体育无形资产的开发和经营方面为主：第一个是开发了体育比赛、活动和体育组织的冠名权；第二个是开发了体育比赛，组织的标志、专利以及使用权；第三个是转让了体育赛事的转播权；第四个是投资了体育组织和运动员的名誉肖像权并为其做广告。

3. 体育用品销售量增长速度快

体育用品的销售情况可以直接反映群众体育的消费水平和规模，这个领域的区域经济与群众体育密切相关。调查部分商场（店）体育用品经营情况得出，整个商场人员的5%从事体育用品（包括体育健身器材和运动服装）销售，商场商品销售总额的4%是体育用品销售额。当然，取得成绩的同时也会产生问题，相关政策执行不力就是问题之一。例如，不同层次的企业其自主创新能力和核心竞争力不同：在河北省，体育用品产业发展还是比较早的，但是，并没有很多露头的企业，市场集中度并不高，没有形成出口多元化的格局，没有很强的新产品研发能力和知识产权保护意识。再有，就是不合理的产业内部结构的问题：河北省的核心产业滞后、中介产业缺位、产业结构关联效应较低，集中体现了体育产业结构的不合理。就体育用品业的发展而言，在河北省，体育竞技表演业和健身娱乐业发展的速度相对比较慢，而健身娱乐业又在整体上先于体育竞赛表演业，这是最值得一提的问题。

4. 已出现上百家企业组成的产业集群

在研究加强体育用品业基地建设的大部分文献中，会有很多“沧州”“固安”的影子，这两个地方在生产体育器材方面非常重要，即便放眼全国也是如此。正是在这两个地方，形成了上百家企业组成的产业集群，他们目前所关注的问题是如何实现销售收入的大突破。多年来，固安县体育器材销售收入一直徘徊在 3 亿元左右，与其他同类型地区相比还很落后。比如江苏太仓镇仅有 50 个相关的企业，但其销售收入达到了约 8 亿元。企业集群升级的一个重要途径是加强产业基地建设，根据《河北省区域特色产业基地暂行管理办法》，河北省主要通过四个大的指标认定“区域特色产业基地”：第一，有突出的基地产业特色，对全国都有重要的影响；第二，每家基地主导产品均占有全国 15% 的比重；第三，一年要销售 20 亿元以上的基地特色产品；第四，上缴的税金要达到所在区域财政收入的 20% 以上。由于两者之间的差距很大，为了发现问题所在，必须要进行针对性的调研并出台相应的针对性政策，例如，“进一步促进体育用品制造、体育用品销售的快速发展”在 2009 年河北省体育工作会议报告中被提出，真正使其更上一层楼，避免一直原地徘徊。

二、规划典型

发展河北区域经济向京津优势借力的同时，要重视开展群众体育，利用京津地区人财物的优势，促进河北的经济发展，打造并借助体育休闲旅游业将省内各地的群众体育设施加以完善，在河北省环京津冀区域经济发展的基础上，加强建设“一线二地一中心”的体育产业。具体来说，就是将石家庄、唐山、保定等在内的地区发展成为大众健身、竞赛表演、运动训练、商贸汇展、体育生活化社区为一体的运动休闲产业带，即“一线”；河北体育用品制造业基地（沧州）和河北省冰雪运动体验基地（张家口），即“二地”；将秦皇岛打造成全国体育赛事中心城市，即“一中心”。

（一）“一线”“二地”“一中心”相结合

首先，在“一线”当中，石家庄、唐山、保定各有自己的体育产业发展特色。其中，唐山的体育竞赛市场、体育经纪人行业发展迅速，新兴产业保持“以体为本”。保定市是体育强市，曾培养出多名世界冠军，其中获得世界三大赛冠军的有 9 人 29 次，获得亚洲冠军的有 16 人 37 次，获得全国冠军的有 88 人。保定市的优势是乒乓球、足球、游泳等项目，该市率先产业化经营这些体育项目，实行这些优势项目的项目带头人负责制。项目带头人主要是某个项目的主要教练员，对带头人的责、权、利进行明确，鼓励他们面向社会经营体育项目，很快就会见到这些措施的效果。石家庄市体育产业的发展是均衡的。石家庄市的体育产业在“十三五”期间有了较快发展，体育已经成为社会消费和投资的一个热点，体育市场日益活跃，不断涌现出各类体育俱乐部，电脑体育彩票销售也非常多，在社会经济生活中，体育产业的作用和地位越来越明显。根据十年前的数据，我们可以得出，石家庄在体育经营场所设施中共投资了 2.1 亿多元，建立了 23 家体育俱乐部，开展了包括游泳、棋类、健身健美、武术培训、乒乓球、羽毛球等在内的23项体育经营项目，其中多数是民营、合资、股份制企业。对此，我们要将各城市自身的优势进一步突出，达到以点带线、以线带面的目的。因此，在今后河北省体育产业的发展过程中我们的政策制定者所要考虑的首要问题是如何全面协调发展。

（二）打造全国体育赛事中心城市

秦皇岛本身就是国家各类体育项目的重要训练基地，其体育基础设施相对较好。因此，秦皇岛在 2001 年就提出了“以产业化思路，大力发展体育事业，打造体育名城”的发展目标。在过去的几年当中，秦皇岛承办了 40 多项精品赛事，其中包括亚洲女篮锦标赛、世界 B 级自行车锦标赛、中美篮球对抗赛等。

张家口与北京一起，在 2015 年 7 月 31 日获得了 2022 年冬奥会的主办权。冰上项目比赛由北京承办，雪上项目由张家口承办。2022 年，北京赛区（冰上项目）、延庆赛区（高山滑雪、雪车雪橇项目）、崇礼赛区（雪上项目）将共同举行冬奥会。无疑，冬奥会将会影响到张家口的经济发展、基础设施、旅游和生态等各个方面。陈剑是京张冬奥研究中心主任，他曾表示，在今后的七年当中，张家口将有超过10%的年均经济增长率。由于地理位置的限制，目前，北方主要是东北三省和北京开展了比较全面的中国冬季运动。在举办冬奥会冰上比赛方面，北京各体育场馆“没问题”。此外，专家的鉴定结果显示，崇礼有着相对成熟的雪道，但是按照冬奥会的要求，仍然需要改建。

以下几个方面是张家口进行冬奥会的天然优势：

1. 优良的自然条件

这主要体现在四个方面：第一是崇礼从每年十月中下旬开始降雪，滑雪期可逾150天，持续到来年的四月。冬奥会要求降雪期在4个月以上者为优秀，所以是符合标准的。第二是可以保障雪质雪量，在崇礼，雪季的降水量是非常均匀的，雪季降水量近十年达到了514毫米，有一米以上的年均降雪厚度，整个降雪期当中，干雪期的比重达三分之二以上；可以通过实施人工造雪弥补不利气候的影响，云州水库调水工程正在实施，其需水量达到1亿立方米，每年可以调用0.3亿立方米的水，足够保障人工造雪的用水，这符合冬奥会的要求。第三是适宜的温度和风速，冬奥会要求雪季4个月不低于-18℃，张家口冬季平均气温为-12℃，这符合要求；张家口1至2月份平均积雪厚度为57cm，平均风速仅为二级，非常适合开展国际性的高端竞技滑雪运动。第四是优越的山地条件，崇礼境内多为海拔814至2174米的中低山脉，山地坡度多在5°至35°之间。

2. 初步具备雪场条件

从1996年开始起步，崇礼滑雪经历了十多年的开发建设，崇礼目前共建成了万龙、云顶、多乐美地、长城岭4家国内知名雪场。按照国际赛事标准修建了82条69千米高、中、初级雪道，24条23千米各类索道和魔毯，每小时达到4万人次的总运力。各个滑雪场都配备了完善的人工造雪系统。到2020年，全县规划建设228条近500千米雪道、84条99千米索道。自2005年起，崇礼承办了十多次国际滑雪赛事，其中包括国际雪联高山滑雪积分赛、国际远东杯滑雪赛等，积累了丰富的经验。

3. 比较强大的交通运输能力

目前，张家口具备了相对完善的公路、铁路、航空网络。北京市马甸桥到崇礼区全程220千米高速直达。有关京张高铁的项目建议书已经批复，正在等待国家发改委批复可研报告，如果能够通车，那么从北京到张家口仅需40分钟。张家口的军民合用机场已经通航，便捷、立体的交通网络将在交通运输方面为申办举办冬奥会雪上项目提供了可靠的保障。

4. 日益完善的配套设施

目前，崇礼区有1家五星级酒店，3家四星级酒店，7家三星级酒店，20多家初具规模的饭店，100多家农家旅馆，可以满足万人以上的住宿和餐饮。未来十年将会重点建设大量的宾馆、酒店等服务设施。县城总体规划预留了3.5平方千米备用地，用以满足举办冬奥会配套设施的建设需求。

5. 长江以北区域中空气质量排名第一

2013年上半年全国74个城市空气质量状况由国家环保部发布，今年上半年，张家口市空气质量综合指数均值为3.96，比全省平均水平高3.34点；有125天达标，占总体比重的69.1%，比京津冀地区平均达标天数比例高38.1%，比全国平均达标天数比例高14.3%，是京津冀地区空气质量最优的城市。在被检测的74个城市当中，在长江以北区域中排名第一。

三、打造特色群众体育

1. 大力发展冬季运动，增强人民体质

在冬季进行冰雪运动有利于人体的健康，可以增强人的抵抗力，适应大自然的环境。冬季项目与夏季项目相比，更能将人类的挑战精神体现出来，冬季运动对青少年的锻炼也有不一样的价值。中国的冬季运动相对比较落后，通过申办冬奥会，可以促进张家口乃至全国冬季运动的发展。在申办冬奥会的过程中，通过修建冰雪场地和宣传冰雪运动，可以吸引大量的居民参与到冬季运动当中，从而推动张家口发展全民健身运动。

2. 开发旅游资源，发展旅游休闲产业

以京张联合申办冬奥会为契机，不断提升崇礼冰雪游的知名度，吸引国内外冰雪运动爱好者的到来，使其形成高涨的运动热情，让冰雪旅游逐渐成为新的时尚。自京张联合申办冬奥会成功之后，冰雪游成为张家口旅游业的一大亮点。张家口旅游业成功地运营了崇礼滑雪场，这也启发了张家口市的其他县，冰雪乐园、冰上运动场先后在张北、康保和沽源建立起来，受到了众多游客的喜爱。同样，对于张家口来说，申办冬奥会的过程就是一个发展的过程，可以在国际和国内扩大张家口的知名度，对张家口来说，这无疑是一个非常好的机会，可以向全国乃至世界展示其丰富的旅游资源。

3. 加大基础设施建设，改善群众居住环境

申办冬奥会的一个主要目的就是治理大气污染和改善京津冀地区的环境质量。申办奥运会可以从多个渠道获得大量的用于解决污染、改善生态和自然环境的资金。张家口有着全国排名前十的空气质量，更是在长江以北地区排名第一。冬奥会的申办，可以使张家口减排治污、绿化城市的动作持续下去，使其环境进一步改善，也会让我们更加自觉地改善周围的环境，加大力度建设生态环境，让张家口有更蓝的天、更清的水、更清新的空气和更优美的景色。

4. 完善交通网

对于张家口交通网的完善，河北省对张家口的交通建设做了一定的努力，除了京张高铁，河北省争取多加一条崇礼到北京的高速公路，以缓解崇礼的交通问题。

京津冀一体化的实现，促进了张家口的经济发展。2014 年 3 月 5 日，李克强总理在做政府工作报告时提出了京津冀一体化，主要指的是在经济上加强环渤海及京津冀地区的协作。在京津冀经济圈当中，张家口处于核心的位置，这次国家战略意义上的协同发展，必然会为张家口带来新的发展机遇。

第三章　河北省区域经济与群众体育发展水平评价指标体系

第一节　构建河北省区域经济与群众体育发展水平评价指标体系的原则与方法

这次研究是通过各种文献调查了国内外的指标体系，重点为河北省的内容，以及一些世界各指标体系，然后进行对比。这些指标体系是以联合国社会指标、英美日法印度等国外社会指标体系、联合国经济的合作与发展组织社会指标体系以及重要的中国现代化程度评价指标体系和中国社会发展综合指标体系等社会评价指标体系以及社会指标为主的。

要客观科学地评价河北省区域经济与体育事业的协调发展，首先要做的是需要测量评价区域经济和体育事业这两个系统的发展水平。而区域经济系统与体育事业包含在非线性复杂系统中。而对与非线性复杂系统的测度与评价，是不可以用单一的指标去反映的，必须使用一整套指标体系，并且对非线性系统的要素进行科学、全面的量化，才可以更加准确并全面地描述这个系统所有方面的状态。

在这个日益发展的现代社会，经济协调发展绝对是现代社会发展的必由之路。而近年来，学术界众多专家学者研究的热点也恰恰是经济协调发展这一方面。而经济的协调发展与诸多因素和很多方面都是有所涉及的，可谓是现代社会生活的重要组成部分，也是发展国家经济的一个非常重要的方面。群众体育的发展推动了国家经济的发展，同时，经济的发展催化了群众体育的发展，并为其提供良好的发展条件，它们之间的关系是相互促进和共同发展的。

而目前为止，国内外研究指标体系的时候，大多对体育系统内部协调发展、区域间体育协调发展以及体育在经济社会中的重要作用这三方面的探索进行了比较多的研究，却较少研究群众体育与经济协调发展的评价模型。而只有评价经济协调发展的状况，让这两者协调发展，才能提出促进群众体育与经济协调发展的战略方针，这样才能预测出二者协调发展的未来。因而，若想较好地评价群众体育和区域经济的协调状况，就必须要建立一套科学、严密、合理、便于操作的综合指标体系。与此同时，还要协调发展研究从理论到实际的重要纽带，也就是协调发展指标体系。群众体育与区域经济协调发展的信息评价系统是协调发展指标体系构建的，而通过评价，可以将河北省协调发展过程中的问题检测并揭示出来，从而分析原因，并采取积极准确的措施，从而促进河北省的群众体育与区域经济的协调发展，并且对制定河北省的长期规划也有一定的推动作用。区域经济与群众体育发展水平的指标可以顺利地反映出经济社会、群众体育方面在任意时间内发展的具体情况，并且可以将某一段时间内的趋势变化情况描述出来，更能反映出河北省整体的协调发展状况。

在区域经济和群众体育的发展水平中，群众体育资源指的是一种要素的集合，其中包括了一切直接或间接推动群众体育发展、进而促进全民族健康素质明显提高和形成比较完善的全民健身体系目标的资源。一般来说，其中包括七个方面，分别是群众体育人力、财力、物力、信息、制度、市场和文化资源要素。群众体育资源的要素系统包括两个子系统，这两个子系统分别是整体功能性群众体育资源要素子系统和基础性核心群众体育资源要素子系统。而且这两个子系统并不是各自独立的，而是相互关联的。他们的关系：基础性核心群众体育资源要素是整体性群众体育资源要素的前提和基础，并且基础性核心群众体育资源要素支撑着整体性群众体育资源要素系统的发展，而整体性群众体育资源要素系统对基础性核心群众体育资源要素系统进行配置与完善。二者相互关联，相互依存。在群众体育中，市场、制度以及文化三个资源要素构成了整体性群众的体育资源要素系统，而另外四个——信息、财力、人力与物力则构成了基础性核心群众体育资源要素系统。而群众体育资源要素系统因为整体功能性群众体育资源要素子系统和基础性核心群众体育资源要素子系统的相互作用得到了新的涌现，这将会对群众体育资源配置系统的形成有很大的促进作用。

群众体育资源配置系统的结构分为群众体育资源的三大配置力、群众体育资源配置主体和群众体育资源配置客体。群众体育资源配置系统形成了群众体育资源配置机制，配置了基础性核心群众体育资源要素。同时，在三种配置机制相互作用、相互影响并且协同作用下，有利于优化配置群众体育资源，持续提高配置效率。群众体育资源配置系统内部各子系统之间相互配合可以使群众体育资源配置系统具有历史动态累积性特征和截面协同性特征更难。

一、构建河北省区域经济与群众体育发展水平评价指标体系的原则

在这个社会中，做任何事，必须遵守一定的原则，任何人任何事情都不能例外。很多事情所遵从的原则是一致的，并且，一些事情遵守的原则是多样性的。在这多重原则的基础上，才能更好地做好一件事情。

相对而言，河北省区域经济与群众体育发展水平指标体系的构建原则也是多种多样的，但是只有慎重地遵守这些原则，才可以让河北省区域经济与群众体育发展水平指标体系更加完善。

1.系统性和层次性统一原则

区域经济和群众体育本是一个繁杂的系统，而河北省区域经济和群众体育更是复杂多变的。基于对整个系统的考虑，要想做到全面，那么每个指标要做到内涵地清晰，并且要相对独立，而且同一层次的各指标间尽可能地不要相互重叠。两个指标之间最好不要存在因果关系，但指标之间也不是没有关系，要把握好一个度，才能让体系系统做得更好。而且选取指标要紧紧围绕综合评价的目的层次展开，指标权重的确立也是要有系统性的。所以系统性和层次性的统一是河北省区域经济与群众体育发展水平评价指标体系重要且必须遵守的一项原则。

2.科学性原则

在评价河北省区域经济与群众体育发展水平评价指标体系时需要一些具体的数据来分析反映一些结论。因为这个评价指标体系对一些科学研究有着很大的贡献，所以，必须做到真正的科学严谨，绝不可以自编自造一些莫名其妙的数据。必须要科学地查询、获取数据，或者科学合理地进行调研取证，决不能以偏概全，擅自改编。

而且，当科学正确地得到相关数据后，对于数据的计算以及相关的结论和分析都必须使用科学有效的计算分析方法，不可想当然。虽然说具体全面的数据比较难以获取并且比较多而杂，但是对于河北省区域经济与群众体育发展水平评价指标体系的构造必须做到认真负责、科学严谨、有耐心有恒心地进行分析考证。

所以河北省区域经济与群众体育发展水平评价指标体系所遵从的科学

性原则，是一项非常重要的原则思想。

3. 目的性原则

任何一件事情甚至一个行为动作都是有目的的，所以对于河北省区域经济与群众体育发展水平评价指标体系的构造也是有一定的目的的。既然有目的，就要努力向着目的前进，更好地达到想要的结果。对于目的完成的情况最好不要绕圈子，不要拖泥带水。

而河北省区域经济与群众体育发展水平评价指标体系应最大限度地体现河北省群众体育发展水平和经济发展水平，绝不可以让其他与这个无关的指标乱入，要做到河北省区域经济与群众体育发展水平评价指标体系的直观与纯洁。

4. 可行性原则

对于河北省区域经济与群众体育发展水平评价指标体系的构造，有了目的，有了数据，但是想要达到制定的目标，必须依靠所搜集的数据的稳定性，实际性和可行性才行。

对于数据，必须充分考虑河北省区域经济与群众体育发展水平评价指标体系中的数据的可获得性，必须符合实际的水平，不可空、大、乱。而且必须有稳定的数据来源，以防数据丢失，更易于操作。而且要随时保持数据的更新，要与时俱进。数据要有明显的差异性，也就是可比性，一模一样的数据是没有任何意义的。

河北省区域经济与群众体育发展水平评价指标以及评价标准体系的制定必须要符合客观事实，这样便于比较分析。

5. 以人为本原则

河北省区域经济与群众体育发展水平评价指标体系终归是受之于人、用之于人的，所以河北省经济与群众体育的协调发展评价指标的选取必须坚持以人为本，尤其是河北省经济评价一定要考虑到人均指标，必须具有人性化的特征，这样最终出来的河北省区域经济与群众体育发展水平评价指标体系才能更适合人们。所以，要确定以人为中心的可持续发展观，即所关心的一切的中心地位必须是人，以扩大人类的选择范围作为发展的目的，其所关注的不仅仅是经济，更是整个社会，从而更好地促进河北省区域经济与群众体育的和谐发展。

可持续发展观是针对既往简单且概念化的发展计划以及对资源的过度开发，从而造成了资源的紧张、浪费和环境的污染这一发展状况而提出的。其核心是坚持公允价值，协调各种关系，实现环境和资源的可持续发展，从而实现人类的可持续发展。现在，可持续发展已成为一个综合概念，涉及经济、社会、文化、技术、资源、生态和环境方面。以人为本是其核心，全面协调可持续是基本要求，统筹兼顾是根本方法。科学发展观的本质与体育运动的本质功能是增强人民体质，提高人们的健康水平，服务于人类的和谐发展，这需要以人为本的体育事业。体育事业发展的需要必须反映人民，服务人民，依靠人民，以终极目的促进人的发展。科学发展观理论要求我们具有大局、长远和战略眼光，以满足城乡群众体育发展；站在构建和谐社会的高度，全面宏观地研究解决城乡群众体育之间的差距，实现了全国城市、城乡互动、和谐发展新形势下的群众体育，两者是相互关联和相互影响的。

所以，河北省区域经济与群众体育发展水平评价指标体系最重要的原则是以人为本，当然其他的原则也是必须遵循的。

二、构建河北省区域经济与群众体育发展水平评价指标体系的方法

对于河北省区域经济与群众体育发展水平评价指标体系的构建，在遵守上述原则的前提下，需找到正确的构建方法。

建立河北省区域经济与群众体育发展水平评价指标体系，是对河北省区域经济与群众体育协调发展进行科学评价的基础和关键。河北省区域经济与群众体育发展水平评价指标体系中对河北省区域经济与群众体育协调发展的涵盖是不是全面且完整，直接关系到最后评价结果的好坏。而且在河北省区域经济与群众体育协调发展的研究中，研究者所使用的评价指标往往存在差异，这是由数据提取的限制以及对经济和体育协调发展认识上的差异所造成的。

群众体育作为体育事业的重要组成部分，是衡量体育事业发展水平的重要参考指标。群众体育的发展与经济发展水平存在密切的联系，经济发展水平是群众体育发展的基础，从根本上决定着群众体育发展的水平与速度，同时群众体育对经济发展有极大的促进作用。从现有文献看，学者们

对群众体育与经济的关系进行了初步的研究，取得了一定的成果；但对群众体育与经济协调发展的研究还比较少，特别有关群众体育与经济协调发展评价的研究几乎是空白。

本书广泛借鉴相关研究结果，遵循指标体系构建原则，在数据可获得的基础之上构建省域群众体育、经济发展水平评价指标体系，运用因子分析方法对河北省群众体育、经济发展水平进行评价，在此基础上运用基于回归分析的协调发展评价模型对河北省群众体育与经济协调发展状况进行评价。本研究综合运用多种定量分析方法，对我国省域群众体育与经济协调发展的关系进行量化，有利于科学监测我国省域群众体育与经济协调发展的状况，能及时发现问题，采取对策，对促进群众体育与经济协调发展具有重要的理论价值和实践指导意义。

在研究现存资料的基础上，构建河北省区域经济与群众体育发展水平评价指标体系采用实证选择与理论选择两种方法。其中实证选择，是通过这方面的专家对河北省区域经济与群众体育之间的关系进行重要的评价，从而选取相应的指标。而理论选择是根据前人的经验、前人的研究成果，再结合当今河北省区域经济与群众体育发展现状进行选取，选取的就是一些能代表经济发展以及群众体育等具有重要特征的指标，然后再根据实际情况进行合理、正确的发展与创新。

第二节 初步构建指标体系

一、对于构造河北省区域经济与群众体育发展水平评价指标体系的一些理论分析

（一）“投入——产出”理论和资源配置理论

既然是构造河北省区域经济与群众体育发展水平评价指标体系，那么首先说一下经济。既然是经济，就离不开资源，资源的开发、生产以及相应的创造才有了经济的发展，从而对群众体育造成一定的影响。

所以河北省区域经济与群众体育发展离不开资源，而经济学研究的核心问题是资源配置，正好主要研究的是经济组织如何合理分配和使用稀缺资源的多种经济用途，让“生产什么，如何生产，为谁生产”这些古老而永恒的问题得到解决。资源配置指的是以组织目标和产出物内在结构要求为依据，对量和质进行不同的配比，并使之在过程中保持相应的比例而产出相应的产出物。资源的稀缺性是资源配置问题的源头，为了解决资源稀缺性与需求无限性之间的矛盾，才研究资源如何分配这一问题。而群众体育资源是资源体系的一个部分，这也涉及了资源的稀缺性问题，因而，群众体育资源配置的问题也是存在的。

早在20世纪30年代的时候，美国著名经济学家瓦西里·里昂惕夫提出了一类同时研究“投入”和“产出”的经济数量分析方法，就是投入产出分析。社会生产过程中对各种生产要素的消耗和使用就是“投入”，社会生产的成果被分配使用的去向就是“产出”。如果将“社会”视为一个整体，那么吸取投入因素而产出产品的活动过程就是社会的运行过程。可以将任何一种社会活动视为一种“投入——产出”过程。根据上文可以建立河北省群众体育发展评价指标体系的过程目标和结果目标模式，本文为了分析河北省区域经济与群众体育发展的设想，形成了“投入——产出”理论，同时认为，在河北省群众体育发展评价指标体系当中，应当存在投入系统和产出系统。

本研究形成了群众体育投入系统和产出系统的关系（如图所示）。

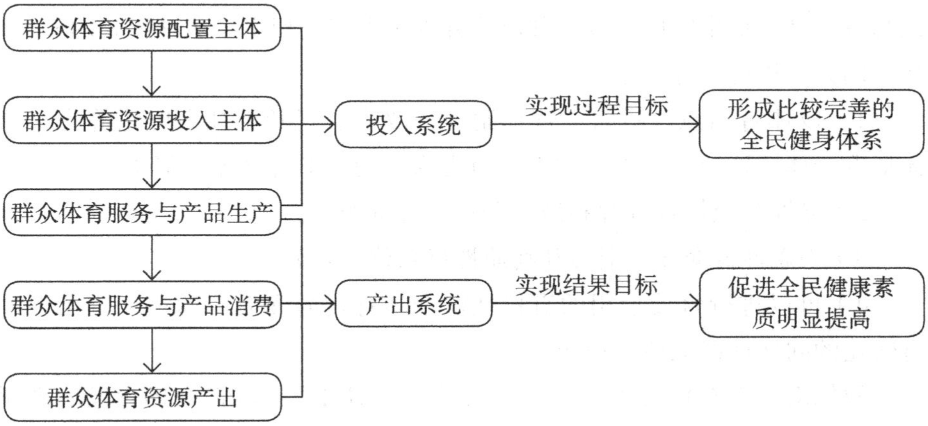

图 1　群众体育投入与产出系统

河北省群众体育资源配置系统总是受到政治、经济、社会和自然环境等系统的影响。环境系统对群众体育资源配置系统是一种全面和持续的影响。这种影响特点如下：

1. 时间纬度方面，环境系统对群众体育资源配置系统是一种动态累积特性的影响。环境系统内部各子系统之间的联系和协同作用能产生一种“合力”，这种“合力”的作用优于每个系统单独对群众体育资源配置系统所产生的影响。不同历史时期之下，合力产生的影响不同，这就使得对环境系统产生的作用特征也不尽相同，可能会出现经济性、政治性、自然性以及混合性特征等。而同时，这种“合力”对群众体育资源配置系统的作用是可持续的和具有动态累积特性的，因此每一时期群众体育资源配置系统的发展路径也不相同。

2. 在同一历史时期中，群众体育资源配置系统受环境系统影响的最大特点就是协同性。环境系统与其他系统之间的协同性最为强调行为上的协调统一和互促性，这种协同性的作用力要大于其他任何一个系统的单独作用或简单的累积作用。可见，系统之间相互作用的“合力”对群众体育资源配置系统所产生的历史动态积累特征和协同性特征是具有深远影响的，是不能由任何一个系统单独作用而产生，必须做到系统间的通力合作。

群众体育资源是资源体系的一个重要且非常复杂的组成部分。一般认为，群众体育资源包括群众体育发展所需的各种要素以及投入。由于每个人都有自己认识事物的角度，群众体育资源也就表现出了多种形式的种类。从不同方面进行区分，主要有：

1）以体育信息、科研、管理制度、政策法规乃至社会舆论等为主的无形群众体育资源和人力、物力、财力为主的有形群众体育资源；

2）显性群众体育资源和潜在群众体育资源；

3）观念性群众体育资源和物质性群众体育资源；

4）可以进行直接运用的直接性群众体育资源和需要通过一定条件进行转化的间接性群众体育资源。

我们对“群众体育资源”的定义是，一切可以推动群众体育发展进而提高全民族健康素质和达到全民健身体系目标的要素集合。本研究认为，群众体育资源具有系统性的特征，是一种资源要素的集合。它包括七个方面的要素，分别是群众体育人力、物力、财力、信息、制度、市场和文化资源要素。对群众体育的发展起到直接推动作用的人员就是群众体育人力资源要素；群众体育事业所需的经费就是群众体育财力资源要素，经费主要从国家财政拨款、社会赞助、社会集资、群众体育产业开发和人民群众的体育消费等方面得来；以公共体育场地及设施、社区体育场地及设施等为主的各类以物质形态为主要表现形式的群众体育物质资源就是群众体育的物力资源要素；群众体育人才、物质和金融市场等是群众体育市场资源要素的主要内容；各级政府及群众体育行政部门为了推动群众体育的发展，配置基础性核心群众体育资源要素的方式就是群众体育制度资源要素，其中包括国家颁布的各种政策法规和措施、群众体育组织的各类规章和制度等；在推动群众体育发展过程中群众体育人力资源要素逐渐累积和形成的价值观、思维方式和行为习惯等就是群众体育文化资源要素。

然而，目前国内学术界并没有深层次的对群众体育资源的研究，缺少对其内在特性的研究，难以对群众体育资源进行系统深刻的认识。所以在这里，就应当把群众体育资源看作是一个整体或系统。上述的七种要素要进行协调与配合，共同支撑起群众体育发展，而且，这七种要素缺一不可，否则就难以实现群众体育资源要素的整体功能。因此，上述七种资源要素要各司其职，发挥作用，是群众体育资源的重要组成部分。以系统为特征，群众体育资源成为上述七种资源要素的整合。

而对群众体育资源的整合及分配也是构造河北省区域经济与群众体育发展水平评价指标体系种的一项。

（二）经济差异与体育消费

一般来说，对体育事业经费的投入、体育场地设施建设以及人们的体育消费水平等是经济对群众体育的影响力的主要表现。而他们对体育消费的投入以及体育人口的数量和体育场地设施建设的数量则是衡量这个地区群众体育是否良好开展的衡量标准。一个地区的经济发展决定了其收入水平，而收入水平又决定了消费水平。

根据一些文献资料以及一些河北省各个体育社团的统计，收入大于支出，甚至仅仅收支平衡的体育社团都不算太多，而收入小于支出的体育社团的数量则超过半数。通过调查，一些社团发展基本上没有资金的拨款，而自己营运资金的能力也都较差，结果导致社团开展活动的经费问题很难解决，直接影响到了社团的发展。通过调查发现，我国体育社团的经费主要来源于四个方面，分别是政府资助、社会赞助、收取会费以及开展服务收入。其中，政府资助和社会赞助是体育社团收入的主要来源，体育社团的“服务收入”十分有限，社团的经费严重依赖于政府资助和社会赞助，体育社团的自身“造血”功能不足。而且从一些具体资料数据可知，公益型团队会员制体育社团中，奥运项目协会的平均收入要比非奥运项目协会要高，政府资助和社会赞助主要向奥运项目或者非奥运项目中热门运动项目协会倾斜，那些相对冷门的非奥运项目协会，收入很少，甚至出现亏欠。由此可以看出，河北省区域经济与群众体育并没有良好地和谐发展，所以对于资金分配有待于改进，这也算是构造河北省区域经济与群众体育发展水平评价指标体系中的一项。

不仅仅是河北省，在全国范围内，将一些资料进行对比，更能清楚地反映出某些情况。这里将东部地区与西部地区做了一下对比。

根据马斯洛需要层次理论，人民物质生活随着经济的发展而得到改善，就会丰富和扩大他们的消费领域，从只注重数量而转变为更加注重自身素质的提高。由于经济制约了群众体育，造成了不平衡的东西部群众体育发展，因此，东部地区要把握住国家给予的优惠措施和政策，将经济建设进一步加快，进一步提高居民的收入和消费水平；虽然西部地区的经济发展状况不是非常好，但是由于西部地区有着众多的少数民族，民族特色的传统体育项目众多，西部体育工作者应当把这些资源优势充分利用起来，将自身的主动性与创造性发挥出来，让西部地区体育事业在经济发展相对落后的情况下也可以得以发展。

近年来，东部的经济建设逐步兴起，国家的经济建设中心逐步转移到了西部地区的建设上，一个很好的政策就是西部大开发。直辖市以及各种规划圈是重点，很大程度提高了一些一、二、三线城市的经济水平。西部地区在建设当中也要借助西部大开发的“东风”，努力将居民收入和消费水平大幅提高。首先，要缩小与东部地区的经济差距，逐步向东部体育发展靠拢，力求实现均衡发展。同时，政府对全民健身经费的投入也要增加，对体育场地设施进行扩建和新建，提高其利用率。在经济发达的地区，收取适当的费用，将这部分资金再次投入到全民健身事业当中。

一方面，东西部地区所处的不同的地理位置限制了东西部地区的经济发展。东部地区也是沿海经济发达地区，是我国改革开放的前沿阵地，主要包括珠三角经济圈、长三角经济圈、京津冀环渤海经济圈这三大经济圈。这三大经济圈目前作为我国国民经济的主体，大约占到了国民生产总值的65%，这三个地区的经济最有活力。东部地区得天独厚的条件决定了其发达的经济，水陆交通便利、思想开放、优惠政策多样，使得东部地区的经济可以快速发展。东部地区高于西部地区的产业主要是食品、医疗保健、居住、文化教育消费及综合消费方面。而在西部地区，除四川的成都平原和陕西的关中地区外，其他地区多为山地、丘陵和戈壁沙漠，自然环境恶劣，交通状况十分不便。由于地域上的差异，在改革开放的初期，国家首先大力发展了交通便利、投资环境好的东部沿海城市，并且给予了政策上的优惠，这是西部地区无法比拟的。

另一方面，国家在政策上实施“非均衡发展”的经济战略，国家将东部沿海地区作为投资和外资投资的重点。1978 年东部地区占全国国有单位基本建设投资的 40.1%，西部地区占 20.4%；1993 年东部地区占全国国有单位基本建设投资的 53%，西部地区占 14.1%。东部地区国有单位固定资产投资总额在1996年达到14292.44亿元，而西部地区仅有2852.09亿元。可以看出，东部是西部的五倍。在全国国有单位固定资产投资中，西部地区国有单位固定资产投资所占的比重严重下降了。对外资的利用，各地区之间也存在着差距。例如，我国1985年到1992年各地区实际利用外资427.39亿美元，其中东部地区占了88.5%，达到378.3亿美元，而西部地区仅占20.53亿美元。

一个地区的经济发展决定了其收入水平，而收入水平又决定了消费水平。根据乌兰图戈的研究：一个地区的经济发展、文化背景和消费水平影响了这个地区居民锻炼意识的形成。经济相对落后的西部地区人均收入低于东部地区，因此，他们将增进健康、调节情绪、改善心情、增加朋友之间的人际交往、改善自我形象等作为他们体育锻炼的价值取向。西部地区的体育价值观受到消费水平的限制，主要集中在健身、娱乐方面，没有认识到其他的价值，导致缺乏体育生活，对体育生活内容只是耳闻目睹，没有亲身体验。因此，只有体育消费意识存在于居民心中，他们才可能付诸实践，增加体育消费。居民参加体育锻炼的一个重要前提是体育消费，体育消费可以充实和完善体育锻炼。居民之间经济收入水平的不同，会影响到体育锻炼。如果连温饱问题都还没有解决，那么就不可能提高体育消费，也就无法开展体育项目。根据马斯洛需要层次理论，人民物质生活随着经济的发展而得到改善，就会丰富和扩大他们的消费领域，从只注重数量而转变为更加注重自身素质的提高。

从有关资料可以看出，以广东、北京、上海为主的东部地区文化教育水平最高，体育消费在文化消费中占有一定的比例。东西部城市居民体育消费水平的差异性主要表现在：西部城市高消费人数比例明显低于东部城市，东部城市居民体育消费层次在低水平线的人数比例大大低于西部城市。

（三）统筹发展

在河北省，城市与农村的体育发展和区域经济是不同的，所以，要想构造河北省区域经济与群众体育发展水平评价指标体系，必须做到统筹城乡。

从字面上理解“统筹”，就是“统一筹划”的意思，在《辞海》中解释为“通盘筹划，如统筹全局，统筹兼顾”。从语义学的角度解释，将城市与农村进行通盘筹划就是统筹城乡。从本义来说，是一种处理城市和农村的管理方式，是中性的，不带任何倾向的，通盘筹划时的条件、环境、目的等则制约了具体执行过程中孰重孰轻，是对各种因素进行综合以后形成的集成决策。

社会学界对“统筹城乡”的内涵进行了全面深入的探讨，以下是几种具有代表意义的观点。孙津的观点是，统筹城乡发展，概括地说，就是建立一种政策机制，可以协调互助，使城市和农村在目标利益方面达成共识，并对这个利益进行尽可能的公平分享。张迎春则提出，应当对城市和农村经济社会发展中出现的问题进行统筹解决，将城乡界限打破，实现资源优化配置，共同繁荣。城乡居民要求发展机会平等，运用城乡布局规划、政策调整、国民收入分配等方式，使得城乡之间的资源要素可以合理流动并且优化配置，不断增强农村对城市的促进作用和城市对农村的带动作用，使城乡差距缩小、工农差距缩小、地区差距缩小，实现全面、协调、持续的城乡经济社会发展。郭翔宇认为，统筹城乡发展是一种发展战略。其中，要彻底摒弃计划经济体制，改变一系列城市偏向的政策制度，摆脱城乡分割、重工轻农的发展战略模式，实现城乡一体化。基于上述认识，以“统筹”的本义为出发点，以“统筹城乡”的实质为依据，结合当前最新的研究成果，现阶段我国提出的“统筹城乡群众体育发展”指的是农村和城市运用一定的方式建立了一种全面、协调、可持续的群众体育发展机制。我们还可以更加深入地理解，城乡群众体育统筹发展的重点和难点都在农村，要求发展城市群众体育同大力扶持农村群众体育同时进行，农村又可以通过其特有的体育资源优势，满足和促进城乡群众体育统筹发展，而不是单一的发展，也不是同样的发展，更不是同步的发展，而是消除城乡之间的不平等，缩小城乡差距，达成两者的协调发展。政策制度、经费投入、组织管理、场地设施、文化信息和组织活动等方面是城乡群众体育统筹发展的主要内容。城乡群众体育统筹发展是需要较长的时间才能实现的，实现过程中需要整体推进，分步实施，是一个系统的工程。

改革开放以来，虽然我国的综合国力增强了，但是农村还是比较落后的。系统的整体性和开放性是系统论的强调重点，其追求的是结构的优化和利益的最大化。城市和乡村是我国经济发展的两个组成部分，它们之间相互依存并互相作用，过去阻碍我国农业和农村经济社会发展的是不断发展的城乡分割，这也给城市经济的发展带来了制约，要促进农村与城市经济的共同发展，就必须统筹城乡发展，才能进一步促进国民经济的整体发展。

统筹城乡体育发展，不但要有全国通盘的规划，还要与河北省的实际相结合，制定地方性的统筹发展规划。因为规划具有一定的法规意义，还具有发展的规定性，因此，要反复修改规划，谨慎确定，需要职能部门审批定稿文本，使其更具有实践价值。农民应当与市民平等地享有国家和社会所提供的基本权利，因此，政府的基本职责之一是提供和保障农民的体育权利。做好群众体育统筹工作的关键是各级政府的领导和支持。地方各级人民政府要结合本地区的社会经济发展实际，把体育基本公共服务工作做好，逐步改善人民群众参加体育活动的条件，确保政府随着财政收入的增长去增加对体育的投入。

（四）系统论

前文多次提到“系统”一词，其实对于所构造的河北省区域经济与群众体育发展水平评价指标体系，与“系统”有些类似。“系统”一词起源有很长一段时间了，在古希腊是指的整体复杂性。虽然人类对系统的想法已经有了很久的时间，但现代比较完整的体系理论是奥地利的贝塔郎提出的。多年前在他发表的“抗体系统论”中，提出了系统论的想法。提出了一般系统理论，为这门学科奠定了理论基础。系统理论对系统模型、性能、行为和法律科学进行研究。它指导人们认识各种组成、结构和发展的制度，为其提供了一般方法的指导。若干相互关联的基本元素构成了系统，它具有确定一个有机的整体的特性和功能。

系统主要包括三个特征一个是系统的完整性；另一个是相互作用和相互依赖组成了系统；第三，组成系统的是受环境的影响和干扰的系统和环境彼此相互作用的元素。从实际情况看，任何系统必须有这三个要素，缺一不可。也不能谈论系统的作用，它可以推动组织的发展，也能阻碍组织的发展，在一定条件下，甚至可以决定组织的存在和发展。系统论的基本原理是开放性原则。这个原则是基于系统的事实的不完备性，立足于耗散结构理论得出来的。本系统是不完备的，它的水平是指任何一个特定的系统始终是有限系统，它可以在要素或功能方面显示相对的“不足”。不完整的系统要求每个系统之间的开放性和互补性。系统的开放性理论和维护系统的开放性是优化操作的必要条件。

综上所述，其实构造河北省区域经济与群众体育发展水平评价指标体系也可以算是构造一个完整的系统。

二、河北省区域经济与群众体育发展水平评价指标体系的构建思想与原则

全面群众体育的目标是在全面建设小康社会的时期，在群众性体育活动中体现“以人为本”，让所有的人，包括城镇居民、农民和弱势群体均享有参与群众体育活动和权利的平等机会。因此，建立一个全面、客观、准确的群众体育的评价指标体系是评价全面建设小康社会时期的体育发展水平，同时，更具有科学性、可行性、可操作性、相关性和可比性，应遵循以下原则，在全面建设小康社会的时代来评价群众体育：一种是直接反映人们的健康水平；二是对整个社会指标广泛的影响，放弃生活反映的几个指标；三是让农民和弱势群体享有广大的群众性体育活动和权利。

建立体育与经济协调发展评价模型，我们需要建立评价指标体系。指标的选择应遵循以下原则：客观原则，指标体系的实施方案中应尽量体现群众体育发展水平和经济发展水平，不能放入其他无关的指标。

充分考虑数据的可获得性。指标体系的可行性原则，符合客观实际，具有数据稳定的来源，操作方便，应该有明显差异，具有可比性。评价指标和评价标准比较客观现实，方便比较。

科学性原理，我们应该用科学的方法采集和计算数据。经济社会群众体育的系统性和层次统一的原则是一个复杂的系统，该系统作为一个整体，各项指标内涵清晰，相对独立；各指标的同级别之间尽量不要有重叠，相互之间不存在因果关系，选择指标的目的应该是有关综合评价水平，建立指标权重也希望是系统的。

以人为本的原则，群众体育和经济评价协调发展指标的选择应当以人为本，特别是在经济评估中应该考虑人均的指标，应该具有人性化的特点。

在许多反映群众体育发展的信息中，如何选择典型的核心指标是构建高品质的指标体系的重要基础和保障。首先，你需要坚持指标体系建设的原则。这些原则包括：（1）系统性原则；（2）工作原理；（3）精练原则；（4）

更好的相关性原则；（5）可比性原则。其次，为了能够选择典型的核心指标，我们还采取了以下四种方法：（1）总结和分析《中共中央国务院关于进一步加强和改进新时期体育工作的意见》《全民健身计划纲要》《“十一五”群众体育事业发展规划》等文件内容和精神，并在我国结合群众体育的现实选择指标。（2）对调查问卷、省统计年鉴、第五次全国体育场地的调查数据公报，第二次国民体质检测报告和省体育统计文献中关于现代化年度报告的前三季度全国群众体育现状调查质量运动进行梳理，选取符合这一指标体系的敏感的核心指标。（3）频率统计数据。频率统计主要是对群众体育发展进行评价，频率统计报告当中，本文选择使用频率高的指数。（4）专家访谈法。初步评价指标提出，在此基础上进一步征询专家的意见，调整各项指标。运用以上方法，最终得到我国群众体育发展指标体系框架。

群众体育和经济发展必须首先评估两个子系统：群众体育和经济发展水平。群众体育和经济都是复杂系统，对复杂的系统只用一个指标体系反映这两个条件的发展水平是不合理的，需要建立一个全面的指标体系，遵循可行性的原则、代表性和差别性原则、系统性原则、可测性和可比性原则、科学和实践统一的原则，在筛选理论的基础上建立第一轮群众体育和经济发展指标体系；变异系数的理论方法和德尔菲法方法定量筛选指标体系，剔除指数的变异利用系数小于 0.5 的指标；构成群众体育和经济发展的指标体系。

三、河北省区域经济与群众体育发展水平评价指标体系的构建过程

建立了地区群众体育和经济协调发展的指标体系，是科学评价区域群众体育和经济协调发展的基础和关键环节。指标是不是全面地涵盖了经济区域协调发展和群众体育，直接关系到评价结果的好坏。在经济和子系统的协调发展研究中，评价指标是不同的，原因在于研究人员使用的数据选择的理由的限制和经济协调的差异。在研究现有数据的基础上，本文运用理论选择和经验选择两种方法构造地区群众体育与经济发展水平评价指标体系。选择的数据是前辈的理论研究结合高频的现实并能代表经济发展指数的重要特征的，根据形势发展创新；由专家经验选定地区群众体育和经济指标之间的重要性评价、选择指标。万星在《重庆经济快速增长对城乡

居民群众体育协调发展的影响研究》一文中提出，本文会影响群众体育发展水平的重要指标包括由群众性的体育活动的经费、公共体育场馆、社会体育指导员的数量、体育活动的次数、体育人口、群众体育管理系统、参与者利用体育设施的效率、体育活动和体育每月消费支出等。马国义、徐静媛、赵志斌等在《河北省群众体育发展现状与对策研究》一文中提出，影响群众体育发展的是：群众体育组织，包括体育健身站（点），省、市、县（区、市）、乡（镇、街道）各级和各类健身俱乐部，体育协会，大众健身设施、健身活动的质量，国民体质测定系统，社会体育指导员，群众体育社会化网络等。

苗治文、许实在《建国以来我国群众体育的发展》一文中指出了影响群众体育发展的指标是体育人口、体育场馆设施、群众体育产业以及群众体育管理体制等。在《体育强国视域下我国群众体育发展对策探索》一文中刘梅英、田雨普、周丽萍提出影响群众体育发展的指标是体育资金、群众体育文化以及群众体育理论研究和科技投入等。综上，借鉴分析各省区域经济与群众体育发展，然后根据河北省现状，再依据群众体育的内涵、特点和经济发展水平的影响因素，从群众体育经济投资、人力和设备三个方面投入，总结群众体育发展水平的评价指标。

2012 年 9 月 29 日，习近平在伦敦奥运会、残奥会总结表彰大会讲话中提出：我们必须坚持以提高人民体质、提高身体素质和道德的生活质量为目标，高度重视并充分发挥体育的重要作用，促进人的全面发展以及经济和社会的发展，实现协调发展竞技体育和群众体育，进一步推动我国从体育大国转变为体育强国。尽管我们越来越重视和关注群众体育，但相关研究的评价是非常罕见的。因此，建立一套更科学的评价指标体系，运用相关的社会学理论和统计学发展群众体育和社会效果评价是必要的。能客观地反映群众体育的优点和缺点，在此过程中帮助群众体育科学评估群众体育的发展现状，同时亦体现了群众体育的价值。

在构建评价指标体系的过程中，结合已达成的目标和评价指标体系，这是该课题研究的一大特色，也与实际的区域群众体育工作的规定相符合。这首先是因为，在这两者之间具有内在的逻辑一致性。目标，是一种可以期待的积极结果，是一种常见的动员全社会努力的激励因素。如果目标是确定、合理且实事求是的，应确保其朝着理想的方向发展。目标是未来预期的理想设计。同时，理想目标通过设定目标内容和目标基数，确定因素的权重，控制目标的实现速度，纠正目标跑偏等基本过程完成。因此，在实施目标的过程中，也必须达到其状况定期的估值。评价指标为目标的过程监控的一种手段，以达到理想的目标的重要保障。通过评估目标的达成状况，可以及时发现在实际操作和薄弱环节的问题，并纠正工作偏差，以确保更接近和达到预期的目标。将实现他们的目标和评价指标相结合研究，可有效克服因强调“达成目标”而造成的浮躁，也可避免简单地照顾“评估指标”导致的针对性不强的困境，又保证了群众体育工作的长远目标，能脚踏实地。

近年来，我国许多政府部门，及时根据社会的需要来确定发展目标，同时实施一系列的评价目标的实现过程，以保证目标的实现。在各级领导对群众体育管理部门的实践中，一方面，针对群众体育工作进行组织和管理；另一方面，是基于群众体育现状和水平的评估，并得到相应的反馈，促进和推动群众体育工作。调查表明，河北省体育行政部门许多目标管理系统的实现，使用了多种形式和方法。对该省群众体育发展进行评估，但由于不同的指标有不同的要求、标准，很难科学地分析和比较。事实表明，一个特定区域的大规模运动，只有把目标定期评估有机地结合起来，建立群众性体育组织和管理的长效机制，才能促进群众体育的健康和可持续发展。

群众体育是一种社会现象，也是群众促进健康和提高身体素质的练习，评价群众体育的核心是体育参与。随着人们的体育需求水平逐渐上升和小康社会带来的方便生活，人们的生活价值和体育消费观念也发生了重大变化，对体育资源的需求保障条件也将更高。从经济学的角度来看，属于群众体育外动力的社会力量和资源都属于投入体系。

第三节 通过德尔菲法与变异系数法确定指标体系

确定指标体系的方式方法有很多，其中德尔菲法和变异系数法是相对比较合理的方式。首先来介绍一下德尔菲法。

一、德尔菲法

德尔菲法（Delphi Method），又名专家意见法或者专家函询调查法。是采用背对背的通信方式（即团队成员除与调查人员外其他成员之间不得互相讨论，不得横向联系。调查人员以反复、多次集结问卷填写人的共识及搜集各方意见）征询专家小组成员的预测意见，经过几轮征询，待专家小组的预测意见趋于集中，最后做出准确率较高的集体判断结果，此结果符合市场未来发展趋势的预测结论。

在本书中，利用德尔菲法对专家问卷调查结果进行统计处理和分析研究。对各个大学的体育学术带头人、政府体育行政部门的主要负责人以及各种群众体育组织的相关负责人进行专家筛选。要求各位专家发挥各自优势，整合理论知识和实践经验，进行合理判断，提出建设性的意见和建议，消除无效的因素，最大程度纠正可能出现的漏洞。其大致流程是：在对所要预测的问题征得专家的意见之后，进行整理、归纳、统计，再匿名反馈给各专家，再次征求意见，再集中、再反馈，直至得到一致的意见。其过程可简单表示如下：

匿名征求专家意见——归纳、统计——匿名反馈——归纳、统计……若干轮后停止。

（一）德尔菲法的特性

由此可见，德尔菲法是一种利用函询形式进行的集体匿名思想交流过程。它有三个明显区别于其他专家预测方法的特点，即匿名性、多次反馈、小组的统计回答。下面具体分析一下德尔菲法的三大特性：

1. 匿名性

在使用德尔菲法时，所有的专家学者是不可以见面交谈讨论的，只是通过邮箱、信件等信息技术传播进行交流。因为不会面对面，甚至不知道这封信的背后是谁。人心是脆弱的，人们心里总会对一些权威专家恐惧，或者说面对权威的自卑。而匿名的方式就让人心里产生不了对对方的身份、地位等因素的忌惮，从而消除权威的影响，这便是德尔菲法的主要特点。匿名是德尔菲法的极其重要的特点，从事预测的专家彼此互不知道其他参与者的身份，在完全匿名的情况下交流思想。后鉴于交流受限，信息传递不及时，故对德尔菲法稍作改变，改进的德尔菲法允许专家开会进行专题讨论。

2. 反馈性

德尔菲法对参与者有个基本的要求，就是能静下心来，不可焦躁。因为德尔菲法需要经过 3-5 轮的信息反馈。而每次反馈都需要调查人员以及专家人员进行深入的研究，从而得到最终结论，而最终的结果基本能够反映专家的基本想法和对信息的认识。所以，由德尔菲法得出的结果较为客观、可信。而且，各个小组成员之间的交流是通过回答组织者的问题来实现的，这个一般要经过很多很多轮的反馈才能完成，所以使得德尔菲法得出来的结论更加严谨。

3. 统计性

对于数据和信息的统计，以往一般的统计方法中预测的结果都是反映大多数人的观点，对少数人的观点多数情况下仅是稍微概括和提及，甚至一句话带过，因而导致很多不同的意见和声音不能得到重视，进而使得数据结论单一。德尔菲法的统计则不会出现此类问题，德尔菲法的统计结论回答分为三个点，报告 1 个中位数和 2 个四分点，其中一半落在 2 个四分点之内，一半落在 2 个四分点之外。这样所得出的结论与观点相对来说较为全面，避免了传统专家会议中只能体现大多数人的观点，导致不良或不准确的结果。

（二）工作流程

在德尔菲法的实施过程中，始终有两方面的人在活动，一是预测的组织者，二是被选出来的专家。首先应注意的是德尔菲法中的调查表与通常的调查表有所不同，它除了有通常调查表向被调查者提出问题并要求回答的内容外，还兼有向被调查者提供信息的责任，它是专家们交流思想的工具。德尔菲法的工作流程大致可以分为四个步骤，在每一步中，组织者与专家都有各自不同的任务。

1. 开放式的首轮调研

（1）由组织者发给专家的第一轮调查表是开放式的，不带任何框框，只提出预测问题，请专家围绕预测问题提出预测事件。因为若限制太多，会漏掉一些重要事件。

（2）组织者汇总整理专家调查表，归并同类事件，排除次要事件，用准确术语提出一个预测事件一览表，并作为第二步的调查表发给专家。

2. 评价式的第二轮调研

（1）专家对第二轮调查表所列的每个事件做出评价。例如，说明事件发生的时间、争论问题和事件或迟或早发生的理由。

（2）组织者统计处理第二步专家意见，整理出第三张调查表。第三张调查表包括事件、事件发生的中位数和上下四分点，以及事件发生时间在四分点外侧的理由。

3. 重审式的第三轮调研

（1）发放第三张调查表，请专家重审争论。

（2）对上下四分点外的对立意见作一个评价。

（3）给出自己新的评价（尤其是在上下四分点外的专家，应重述自己的理由）。

（4）如果修正自己的观点，也应叙述改变理由。

（5）组织者回收专家们的新评论和新争论，与第二步类似地统计中位数和上下四分点。

（6）总结专家观点，形成第四张调查表。其重点在争论双方的意见。

4. 复核式的第四轮调研

（1）发放第四张调查表，专家再次评价和权衡，做出新的预测。是否要求做出新的论证与评价，取决于组织者的要求。

（2）回收第四张调查表，计算每个事件的中位数和上下四分点，归纳总结各种意见的理由以及争论点。

值得注意的是，并不是所有被预测的事件都要经过四步。有的事件可能在第二步就达到统一，而不必在第三步中出现；有的事件可能在第四步结束后，专家对各事件的预测也不一定都达到统一。不统一也可以用中位数与上下四分点来作结论。事实上，总会有许多事件的预测结果是不统一的。

（三）德尔菲法的具体实施步骤如下：

1. 确定调查题目“河北省区域经济与群众体育发展水平评价指标体系”，拟定调查提纲，并且准备向专家提供相应的资料。比如课题相对应的目的，以及调查表和调查表的填写方法和期限等。

2. 组成专家小组。按照课题所需要的知识范围，确定专家。专家人数的多少，可根据预测课题的大小和涉及面的宽窄而定，一般不超过 20 人。

3. 向所有专家提出所要预测的问题及有关要求，并附上有关河北省区域经济与群众体育发展水平评价指标体系的所有背景材料；同时请专家提出还需要什么材料；然后由专家做书面答复。

4. 各个专家根据他们所收到的材料，提出自己的预测意见，并说明自己是怎样利用这些材料并提出预测值的。

5. 将各位专家的第一次判断意见汇总，列成图表，进行对比，再分发给各位专家。让专家比较自己同他人的不同意见，修改自己的意见和判断。也可以把各位专家的意见加以整理，或请身份更高的其他专家加以评论，然后把这些意见再分送给各位专家，以便他们参考后修改自己的意见。

6. 将所有专家的修改意见收集起来，汇总，再次分发给各位专家，以便做第二次修改。逐轮收集意见并为专家反馈信息是德尔菲法的主要环节。收集意见和信息反馈一般要经过三四轮。在向专家进行反馈的时候，只给出各种意见，但并不说明发表各种意见的专家的具体姓名。这一过程重复进行，直到每一个专家不再改变自己的意见为止。

7. 对专家的意见进行综合处理。这样既能充分发挥各位专家的作用，集思广益，准确性高。又可以把各位专家意见的分歧点表达出来，并取长补短，相互弥补。同时，德尔菲法又能避免专家会议法的缺点：比如权威人士的意见会影响他人的意见；还有一些专家碍于情面，不愿意发表与其他人不同的意见；还有就是，有些专家学者出于自尊心而不愿意修改自己原来不全面的意见。

8. 因为需要不断地并且反复地进行统计分析，由此，德尔菲法的主要缺点也暴露无遗，就是如果使用德尔菲法，那么由于过程比较复杂，肯定最后花费的时间较长。

（四）需要我们注意四点：

1. 并不是所有被预测的事件都要经过五步。可能有的事件在第三步就达到统一，而不必在第四步中出现。

2. 在第五步结束后，专家对各事件的预测也不一定都达到统一。不统一也可以用中位数和上下四分点来作结论。事实上，总会有许多事件的预测结果都是不统一的。

3. 必须通过匿名和函询的方式。

4. 要做好意见判断和甄别工作。

（五）实施程序

1. 团队成员发出第一份初始调查表，收集参与者对于某一话题的观点；（注：德尔菲法中的调查表与通常的调查表有所不同，通常的调查表只向被调查者提出问题，要求回答；而德尔菲法的调查表不仅提出问题，还兼有向被调查者提供信息的责任，它是团队成员交流思想的工具。）

2. 向团队成员发出第二份调查表（列有其他人意见），要求根据几个具体标准对其他人的观点进行评估；

3. 向团队成员发出第三份调查表（列有第二份调查表提供的评价结果、平均评价、所有共识），要求其修改自己原先的观点或评价；

4. 总结出第四份调查表（包括所有评价、共识和遗留问题），由组织者对其综合处理。

（六）注意事项

1. 专家意见独立性

由于专家组成成员之间存在身份和地位上的差别以及其他社会原因，有可能使其中一些人因不愿批评或否定其他人的观点而放弃自己的合理主张。要防止这类问题出现，必须避免专家们面对面集体讨论，而是由专家单独提出意见。

2. 基于对企业了解

对专家的挑选应基于其对企业内外部情况的了解程度。专家可以是第一线的管理人员，也可以是企业高层管理人员和外请专家。例如，在估计未来企业对劳动力需求时，企业可以挑选人事、计划、市场、生产及销售部门的经理作为专家。

（七）其他注意事项

1. 为专家提供充分的信息，使其有足够的根据做出判断。例如，为专家提供所收集的有关企业人员安排及经营趋势的历史资料和统计分析结果等。

2. 所提问的问题应是专家能够回答的问题。

3. 允许专家粗略地估计数字，不要求精确。但可以要求专家说明预计数字的准确程度。

4. 尽可能将过程简化，不问与预测无关的问题。

5. 保证所有专家能够从同一角度去理解员工分类和其他有关定义。

6. 向专家讲明预测对企业和下属单位的意义，以争取他们对德尔菲法的支持。

（八）德尔菲法的优缺点

使用德尔菲法具备很多优点。

首先可以避免群体决策的一些可能缺点，声音最大或地位最高的权威人士是没有机会控制群体意志的，因为每个人的观点都会被收集。另外，管理者可以保证在征集意见以便做出决策时，从而不会忽视一些重要的观点。

德尔菲法同常见的召集专家开会、通过集体讨论、得出一致预测意见的专家会议法既有联系又有区别。德尔菲法能发挥专家会议法的优点，即能充分发挥各位专家的作用，集思广益，准确性高。能把各位专家意见的分歧点表达出来，取各家之长，避各家之短。同时，德尔菲法又能避免专家会议法的缺点：权威人士的意见影响他人的意见；有些专家碍于情面，不愿意发表与其他人不同的意见；出于自尊心而不愿意修改自己原来不全面的意见。

当然，事情都存在两面性，德尔菲法有其优势、优点，亦有其不足与缺点。其主要缺点体现在对专家选择没有明确的标准和预测结果缺乏严格的科学分析，最后趋于一致的意见，仍难免带有“随大流”的倾向。但这通常不影响德尔菲法作为河北省区域经济与群众体育发展水平评价指标体系构造的主要方式。

比如进行了三次专家问卷调查。每轮专家调查问卷都进行了按照索引筛选标准校正，在专家意见和建议的基础上添加或删除一个指数，全面完成后反馈和调整对于下一轮的问卷调查专家们的建议指数。三轮调查问卷后，专家在大规模体育评价指标体系的框架结构和具体指标设置这个问题上每级基本倾向于同意，已经形成一套初步的群众体育的评价指标体系。评价指标体系由群众体育与经济指标两个一级指标组成，其中群众体育指标和经济指标又分出很多二级指标。

德尔菲法作为一种主观、定性的方法，不仅可以用于预测领域，而且可以广泛应用于各种评价指标体系的建立和具体指标的确定过程。另外除了德尔菲法，还有变异系数法。

二、变异系数法

对于河北省区域经济与群众体育发展水平评价指标体系而言，像这种多指标综合评价，各个指标所包含的信息量是不同的，对综合评价的分析也是有差别的。所以若指标数值在各个评价单位之间存在着非常显著的差异，则该指标具有较强的信息分辨能力，反之则表明指标的信息分辨能力较弱。如果指标数值在各个评价单位之间没有差别或差别极小，则该指标对综合评价的对比分析就不能提供任何信息，也就失去了意义，不应予以保留。指标的鉴别能力用指标的变异系数来表示。当然并不是说德尔菲法就不可用了，而是可以与变异系数法相结合，从而在所有的数据中分析得出最好的结论。变异系数值越大，指标的鉴别力越强；变异系数值越小，指标的鉴别力越弱。

变异系数又称“标准差率”，是衡量资料中各观测值变异程度的另一个统计量。当进行两个或多个资料变异程度的比较时，如果度量单位与平均数相同，可以直接利用标准差来比较。如果单位和平均数不同时，比较其变异程度就不能采用标准差，而需采用标准差与平均数的比值（相对值）来比较。

反映单位均值上的离散程度，常用在两个总体均值不等的离散程度的比较上。若两个总体的均值相等，则比较标准差系数与比较标准差是等价的。

标准差与平均数的比值称为变异系数，记为 C.V。变异系数可以消除单位和（或）平均数不同对两个或多个资料变异程度比较的影响。

标准变异系数是一组数据的变异指标与其平均指标之比，它是一个相对变异指标。

变异系数有全距系数、平均差系数和标准差系数等。常用的是标准差系数，用 CV（Coefficient of Variance）表示。

CV（Coefficient of Variance）：标准差与均值的比率。

用公式表示为：$CV=\sigma/\mu$

变异系数又称离散系数，cpa 中也叫“变形系数”。

变异系数法（Coefficient of variation method）是直接利用各项指标所包含的信息，通过计算得到指标的权重。是一种客观赋权的方法。此方法的基本做法是：在评价指标体系中，指标取值差异越大的指标，也就是越难以实现的指标，这样的指标更能反映被评价单位的差距。

例如，在评价各个国家的经济发展状况时，选择人均国民生产总值（人均 GNP）作为评价的标准指标之一，是因为人均 GNP 不仅能反映各个国家的经济发展水平，还能反映一个国家的现代化程度。如果各个国家的人均 GNP 没有多大的差别，则这个指标用来衡量现代化程度、经济发展水平就失去了意义。

而对于本书所研究的河北省区域经济与群众体育发展水平评价指标体系中，选择一项数据作为评价的标准之一，比如河北省各地区人民健身消费数据，这个数据不仅能体现河北省各个地区的经济发展水平，还能反映这个地区对于群众体育的需求。如果河北省内各个地区的数据没有多大差距，那么这个指标就没意义了。

第四节 评价指标体系的应用

目前国内有不少学者对区域经济协调发展和群众体育评价问题进行了研究。

秦永波运用文献资料、数理统计、比较研究与数据网络分析等方法，以《基于区域经济的群众体育发展效率评价》为基础，比较分析了我国东中西部地区开展的群众体育现状，深入研究了群众体育和区域经济之间的关系。

李国以《基于WSR方法论的群众体育系统影响因素与评价模型研究》中的WSR系统方法论为基础，从“物理——事理——人理”三个方面分析与构建了群众体育系统影响因素与评价模型。研究认为，群众体育工作开展的前提与基础是群众体育系统物理因素，具体方法与手段是事理因素，人理因素贯穿始终，对“物”与“事”等群众体育资源进行合理配置，有机的“W-S-R”系统由三者构成。

基于WSR系统方法论，群众体育评价模型的研究可分为三个阶段，即物理阶段、事理阶段、人理阶段，三个阶段评估过程有机统一。

第一，物理阶段指的是群众体育系统基础资料收集和分析，了解其基本性质和特点。尽可能详细地收集原始信息，作为一个指标筛选的基础；以文献研究为主要方法，运用实地调查法、专家访谈法、内容分析等。第二，事理阶段是指合理利用相关方法或手段选择科学和客观的代表指数，确定权重，构建评价模型，以德尔菲为主要方法，运用APH方法，相关分析和模糊综合评价方法等。第三，人理阶段是通过生理和坚持阶段，并在评估实践中协调各种利益相关者之间的关系，结果得出客观科学的评价报告，主要方式方法是行为研究、逻辑方法和实证科学方法等。

筛选的方法主要包括：(1) 德尔菲法。前文提到过，专家问卷调查，这是一个评论研究者的研究方法，可以根据评价目标和评价对象的特点，在问卷的设计中列出一系列评价指标，分别询问专家评价指标的设计，然后统计处理。(2) 目标分析法。这是一种充分利用数据信息之间的差异，选择区分能力指标的综合评价方法。指数的变异系数可以衡量指标。(3)

聚类分析方法。通过聚类分析指标将指标分为几类，然后选择一个代表性的指标，达到简化指标体系的目的。

德尔菲法的原理，是一种尊重专家建议的研究方法。评价者可以以评价目标和评价对象的特点为根据，在问卷的设计中列出一系列评价指标，分别咨询相关专家对评价指标的设计，按专家的意见提供一定数量的统计处理、咨询和反馈结果，经过几轮磋商，如果专家倾向于集群，是由最后一次咨询确定具体的评价指标体系。

本研究的指标体系有一定的时间和空间的局限性。因此，群众体育在不断发展的过程中，群众体育发展评价指标体系为了适应群众体育的发展也应该进行相应的修改，用发展的观点看待

群众体育评价研究侧重于群众体育和群众体育投资的综合发展水平评价，骆秉全对我国群众体育工作评估的目的、内容的评价指标、评价方法和手段在理论研究中进行了分析，认为可以从群众体育政策的制定、实施和基础设施提供条件，组织和开发、科研情况、资本投资和管理评估体系，国民体质监测情况，经常参加体育活动的人口，城市和农村体育发展的平衡情况，学校体育发展工作，群众体育人才资源，社会弱势群体体育工作情况，群众体育工作特性等 13 个指标的内容，评价我国群众体育工作。余静、余涛根据走访有关专家、学者，根据我国群众体育发展评价指标体系目标模式、群众体育发展定义、指标的选取、指标体系构建原理及方法、评价方法等问题，提出了我国群众体育发展的目标模式的评价指标体系，从社会环境系统、投资系统、生产系统三个方面研究群众体育，并对群众体育资源系统和群众体育资源分配系统进行了总结，在中国群众体育的发展中构建评价指标体系。潘丽英研究了现在社会学研究群众体育存在的主要问题、发展内涵和目标，从社会组织和管理、资源保护、活动参与、工作表现和学校体育建设五个方面构建了全面建设小康社会时期我国群众体育发展评价指标体系，并使用比较排序、对数加权平均和层次分析方法，确定系统中各项指标的权重。安儒亮等人对群众体育的统计指标中存在的问题、改革的必要性做了分析，对中国群众体育指数的统计指标体系思想、基本原则、目标等进行了研究，结合群众体育的理论分析监测、评价指标体系和描述性统计指标体系的改进和修订讨论了可行性。孙文琦结合群众

体育投资的特点和群众体育的发展现状和趋势，对评价指标体系和评价模型进行研究。对在体育运动中政府投资、单位体育投资和个人投资构建评价指标体系，二级指标分为直接、间接和智力运动行为，利用层次分析法确定各评价指标的权重系数，为适用于群众体育的投资提出了评价模型，建立了评价指标体系的应用模型。

评价群众体育的研究，主要从整体的角度发展群众体育和群众体育的投资，对群众体育的发展水平进行评估。评估没有完全针对地区群众体育，但群众体育资源作为群众体育发展的主要载体，为反映其指标体系、间接测定指标体系的研究提供了一个参考内容和筛选评价指标的研究步骤、方法和原则。指标权重的确定方法、评价内容的确定想法，为这项研究提供了方法论基础。

本研究查阅了有关的文献资料，参考了多方学术意见和理论方法，通过阅读大量的中外文献的研究成果，在熟悉前人研究的情况的基础上，分析当下我国的区域经济与群众体育协调发展的现状，确立自己的研究区域，发现他人研究的不足之处，希望能够改善自己的研究方法。

第四章　河北省区域经济与群众体育协调发展评价

第一节 河北省区域经济与群众体育协调发展水平的评价

一、评价的原则和基础

一般来说，建立任何科学指标体系，都不是随意堆砌或简单罗列某些指标，必须先得到一个特定的测量指标的基本框架。这个基本框架实际上是对应于特定的对象而设置的理论解释系统。一个有说服力的解释理论体系，必须有其内部逻辑结构。高度抽象的表达逻辑结构，它通常是对理论模型的讲解。理论模型是基本框架的灵魂统帅，但也支持评价指标体系的骨骼。因此，建立一个有效的河北省区域经济和群众体育的指标体系，首先必须建立一个理论模型，来评价河北省群众体育。特别是，需要完成建设群众体育评价的理论模型和指标体系框架设计等两个问题。

（一）评价原则

1.客观性与目的性相结合

区域公共体育资源的评价指标体系属于社会指标体系的类别，有很强的目的性。同时，社会构建指标体系的客观性原则对指标体系的有效实施也起着决定性的作用。地区的群众体育资源评价指标的设计选择理论依据要充分，应当符合研究目的和客观规律，注意规范和准确的索引名称和含义，必须科学地选择评价指标、权重，采用科学合理的评价方法，确保区域公共体育资源配置评估结果的真实性和客观性，指标的选择能够科学、客观地评价河北省群众体育资源的基本情况，从而探索提高河北省群众体育资源分配公平性的方法，促进河北省区域经济与群众体育协调发展。

2.系统性与全面性相结合

河北省区域经济和群众体育和谐发展评价指标体系必须能够全方位、多角度、多层次地综合反映河北省城市和农村地区之间体育资源的信息，把该地区的群众体育评价指标体系作为一个有机整体、一个系统，每一项指数反映了整体的一部分。各项具体指标之间的含义、范围、计算方法、计算时间和空间必须相互联系、相互关联，必须对整个指标体系统一服从，不要错过并不要互相冲突，以便全面了解系统的内部规则和内在联系。每个索引的设计，不仅从指数本身来考虑这个问题，更要从整体的角度来看，把各种指标在整个地区群众体育，指标和其他指标之间的关系，反映区域配置的不同方面群众体育的综合水平和公平的情况。

3. 可比性与可操作性相结合

河北省区域经济和群众体育和谐发展评价指标体系必须具有广泛的适应性，指标的选择需要能够获得可靠的数据来源，需要考虑数据的可用性和易得性，可以通过问卷调查和实地考察安排方式，以获得有关部门的统计，可以应用于实际的计算和评估，统计范围、直径和计算方法要具有一致性，不考虑没有稳定的数据源或无法计算某些指标的指标体系。当一个特定指标的可操作性不强的时候，可以找类似的指标来代替。应该根据区域群众体育配置的共同特征选择指标，实现同一指标在不同时间和空间范围的比较。比较地区之间时，也关注社会指标的实际意义，它可以确保评价结果客观、合理。在选择评价指标时不是索引越多越好，适合大小的指标体系，应该选择力求为评估工作减少时间和成本的。

4. 动态性和前瞻性相结合

河北省城乡群众体育资源评价指标体系应该是动态的，随着我国群众体育的全面发展，可以根据河北省群众体育发展的特点对群众体育资源做出适当的调整，从而在实践中灵活地运用。以动态性为基础，结合城乡群众体育发展的前瞻性，通过了解事物的发展规律，发现当前我国群众体育运动中不是很重要的资源，但随着群众体育的发展而变得重要的指标，结合动态和前瞻性原则，制定河北省群众体育资源的评价指标。

（一）评价模型的基础

要构建河北省区域经济与群众体育协调发展的评价模型，既要有强大的理论支撑，还要根据客观实际，综合考虑省内的经济发展与群众体育，构建一个合理的评价模型。

1. 理论基础

群众体育是一种社会现象，也是群众保护个人健康和增强他们的体质任务的实践活动。任何公共体育政策和措施的出发点和立足点，都是为了促进人们从事各种各样的体育活动，得到最好的健身、健心、健美和社会参与的效果。因此，必须把人民群众参与体育运动作为评价核心，其他各种各样的运动或活动都是为周围人们的体育活动提供支持或保障，群众参与体育活动的深度和广度，是评价群众体育的核心内容。然而，人们参与体育运动不是自发的，而是与社会各方面有各种联系的。首先，它需要强大的社会力量推动，以确保活动是连续的。社会对体育的组织和领导、宣传、政策和法规等，可以被视为大众参与体育运动的驱动力，必须支持和保证群众性体育发挥重要作用，驱动力度的大小，在今天的河北省乃至中国将直接影响群众体育活动的实施。

同时，群众性的体育活动得以实施，必须拥有充足的体育资源，并且有一定的经济基础。

经济发展水平决定着人们的生活水平，生活水平是生活方式的一个重要的评价指标。生活水平是指在一定的社会生产和发展阶段，用以满足物质文化生活需要的社会产品和服务的消费水平。在不同国家的经济形势下，国家的消费模式也不同。在中国，随着社会时代的变化，中国人的生活方式发生了巨大的变化，人们有很多钱购买时装，分期付款购买汽车，更多的经济富裕的家庭开始国内和国际旅游……同时，越来越多的家庭参加体育娱乐消费。

随着人们的体育需求水平逐渐上升，和小康社会给人们带来更方便的生活，人们的生活价值和体育消费观念将发生重大变化，对体育资源的需求保证条件的要求会更高，过去那种“干打垒”类型的体育设施条件越来越不能满足人们的需求。当大型体育设施成为现代城市的名片的时候，公共体育设施的环境将逐渐成为现代城市和农村美丽的风景线。从经济学的角度来看，社会力量和资源保障属于群众体育的投入系统，是发展群众体育的外部驱动力，是一个巨大的动员的力量。当然，评估工作是群众体育不能忽视的一个最重要的方面。在我国，由计划经济向市场经济过渡的过程中，是不能低估促进群众体育的推动力的。群众的体育运动的参与也会得到相应的回报，这是群众体育工作的性能，这是群众体育的社会价值，它属于经济产出的范畴。从我国目前的状况看，我们应该重视产量，特别是必须注意投资。群众体育的长效机制，指的不仅是今天，更是为了将来更持久的回报。此外，根据我国区分体育企业的一般方法，群众体育包括学校体育。这是因为学生个体本身是广大群体的一部分，学校体育对群众体育有着不言而喻的促进效果。因此，可以说，群众体育评价体系是基于群众的体育参与，外部动力是社会动力和资源保障，标志是工作绩效，基础条件是学校体育的复杂系统，是一个特定时间和空间的文化体系，是基于群众体育领域的材料、能源和信息交换的耗散系统，也是一个接触社会的动态系统。为此，我们一般将群众性体育评价体系分为以下 5 个子系统，即社会动力体系、资源保障体系、活动参与系统、工作性能和学校体育体系。这些子系统之间相应地发生亲密关系，并构成一个回路联系。群众体育评价体系作为一个复杂的社会系统，和整个社会经济、文化、教育和生活密切相关，因此是一个开放的系统。

2. 社会动力体系

社会动力体系是国家和社会支持群众体育活动的动力条件和表达。尽管有自发参与群众体育的性质，河北省群众体育发展也不是很常见，发展到这个阶段仍不够成熟，政府和社会对群众体育的支持，为促进群众体育的进一步发展提供了动力。社会动力系统和其他系统有一定程度的相关性。例如，如果社会力量增加，群众体育资源保障水平将上升，群众体育的参与会增加，其性能也明显地提高。事实也表明，群众性的体育活动进行得更好的地区，往往是一个有更大的社会支持的领域。另一方面，社会制度促进群众体育的力量不足，会打击人们的热情。因此，在社会权力体系中把社会动力体系作为一种重要的系统纳入是十分必要的。体育参与者改变自己的价值观是不容忽视的。经常参加体育活动的人，往往有强烈的体育和健身价值。因此，需要重视社会动力系统，通过各种宣传、规划和监管手段，激发人们的健身意识，使它成为一个稳定的体育参与行为。另一方面，调查人们运动健身的概念和意识，有助于对体育和社会部门对群众体育的关注程度进行衡量，然后调整群众体育社会动力系统的结构和功能。

3. 资源保障体系

资源保障体系的物质基础是群众性的体育活动，包括人、商品、群众体育的内容。长期以来，我国群众体育发展水平不高，体育设施在市场机制下尚不完善，群众体育资源相对较差。目前，群众体育资源不足的问题已引起政府和社会的广泛关注。河北省加强了资源保障力度，广泛开设了和《全民健身计划纲要》匹配的、资金是体育彩票公益金的“全民健身工程”，大力推进资源保障体系的操作。

其实在古代，商品经济与市场的发展就对当时人们的体育文化消费提供了必要的条件。在很多书籍、小说中，我们可以发现当时的人们在满足其基本的物质需求后，对文化体育消费抱有极大的热情。群众体育的发展，可以令体育文化的形式更加多元化，并具有丰富性和普遍性的特点。体育文化等消费可以让古代人们的精神世界注入新的活力，更加充实了社会生活。而如今在这个日益发展的今天，我们也要在满足基本需求的情况下，追求体育文化等，充实我们的思想和社会生活。

然而，在河北省群众体育资源的供给和需求之间的矛盾，可能是在全面小康社会时期发展群众体育的基本矛盾之一。因此，构建群众体育资源评估体系，有助于缩小社会需求与供给之间的矛盾，满足人民体育活动的需要。从每个子系统的交互作用角度来说，资源保障体系是社会权力和活动参与系统相连接的桥梁。社会可以为群众体育提供物质资源，以何种方式为群众体育提供相应的物质资源保障，归根到底由社会制度和经济体制的运作模式所决定，因此，社会资源保障体系可以从侧面反映社会介入群众体育的方式和程度。我国的群众体育资源，经历了从计划经济过渡到市场经济，对在市场经济条件下的群众体育资源保障体系人们还有一个认识和实践的过程。因此，群众体育资源的保障体系的评价，也将群众体育的社会化水平和程度从侧面反映了出来。

4. 活动参与系统

河北省群众体育的工作逻辑起点和最终目的是活动参与系统，它也是群众体育的核心部分。群众体育的政策法规、制度措施的实质是促进公众广泛开展群众体育运动。因此，活动参与系统作为一个整体评价体系是群众体育的非常重要的一部分，是群众体育评价体系的核心部分。其中，最重要的指标是体育人口。与此同时，尽管有一些人口参加体育活动，但不符合体育人口的需求，我们可以称之为亚体育人口。这是研究群众体育发展的一个非常重要的部分，因为他们是最有可能分化的一个群体。如果及时正确地指导，他们中的大多数将转化为社会体育人口。非体育人口也是需要重视的人群。评估群众体育的根本目的，是充分扩大居民的体育人口数量，使非体育人口成为体育人口，使非运动型的人口参与体育运动。同时，居民的体育消费观念和行为，也是伴生于群众活动参与系统的，是社会经济活动的一部分，特别是在全面建设小康社会时期，群众的体育消费需求及其评价尤其值得关注。

扩大居民的体育消费趋势，只有通过评估可以实现。参与活动的系统，有很多更稳定的社会指标，也有一些具有河北省的特点和中国特色的新指标类型。例如群众体育的组织网络，从国外经验来看，群众体育组织、体育活动实际上是定期鉴定指标，也是促进群众体育发展的重要途径，我国近年来对各种体育俱乐部和社团还显示高热情；后者，如国民体质测定、组织大型群众性的体育活动，他们构成了具有中国特色的全民健身体系的基本内容。

回顾这些方面，有助于将活动参与系统的内涵丰富，促进河北省群众体育的长远发展。构建河北省区域经济与群众体育协调发展评价模型，在活动参与系统上，可以体现在很多方面，其中两方面：

第一，工作绩效。群众体育工作的绩效，反映群众体育改善健康、增进身体健康的具体表达是群众体育工作的产出，可以反映运动的经济效益和社会效益。增强人民体质，提高广大人民的健康水平，培养人们经常参加体育活动的意识和态度是我国体育企业的根本目标。因此，群众体育工作表现为应该关注人民健康和健身意识的实际评估。当然，健身意识和健康水平的评估是一个复杂的和非常广泛的问题，在调查研究的基础上，提出具有一定说服力的评价指标。

第二，学校体育。根据中国目前的体育分类方法，学校体育是群众体育的重要组成部分。因此，探讨学校体育的范围包括在群众体育的评价当中。同时，从学校体育评价到群众体育评价体系，有利于学校体育纳入整个国家体育系统检查，有利于进一步将学校体育教育的基础地位确立起来。尤其是在当前，学校体育已成为促进群众体育的一个重要生长点，许多家庭由于孩子们的带动或对学生参与体育活动的关注，学校的设施和体育教师资源已成为促进社会体育活动的重要资源。“学校体育”的概念反映了学校体育与社会体育之间的密切关系。

二、现状分析

自2008年奥运会，尤其是张家口成为2022年冬季奥运会举办城市之一，河北省向京津冀一体化借力，区域经济和群众体育的协调发展已经取得了巨大的成就。

近年来，张家口提出发展奥林匹克公园，生态、县域经济为主要内容的“四个经济模型”，对京津地区更具吸引力；尤其是奥运经济、生态经济，无论是京津经济转型，还是绿色经济在张家口崛起，都随着申奥将快速发展。

1.完善体育设施，发展体育产业

2022年冬季奥运会和残奥会的承办，计划启用12个比赛场馆，包括三个场馆需要新建，其余的球场重建后，可以满足施工需要。重建新的球场，将作为冬季奥运会运动员训练比赛、公共休闲健身、商业、会展场馆和其他大型活动场所，从而确保可持续利用。所有场馆和基础设施支持节能环保技术和可再生资源，以提高城市的可持续发展能力。奥运村将引入社会力量投资建设，赛后将成为住宅项目。申办奥运会可导致张家口和周边体育产业的发展。中央加快体育产业的政策和促进体育消费，世界冰雪体育的发展和普及，使张家口成为我国冬季运动的主要城市。

2.增加就业机会，推动经济增长

很多行业与举办冬奥会有关，如建筑行业。举办冬奥会，需要大量的体育场馆，尽管张家口崇礼区只进行雪上活动，但为举办冬奥会，张家口滑冰场地建设将获得一笔投资，为张家口冰雪体育更好地提供基本条件。同时，举办冬奥会应完善各种设施。而受此影响亦会推动餐饮娱乐和体育产品制造业、金融、保险、电信、环保和高科技产业等的发展。这些行业会积极参与到冬奥会的承办，冬季奥运会也在这些行业的发展与推广中扮演一定的角色。

3.初具规模的群众体育组织

目前群众体育组织包括：体育健身站（点），各级和各种类型的体育协会和健身俱乐部。省“十五”期间设立健身站（点）超过13000个；建立38个省级体育协会，272个市体育协会，448个县（区、市）级体育协会，1021个乡（镇、街道）级体育协会。省“十五”期间建立186个全民健身活动的领导，省级 1 个，11 个市、165 个县（市、区）级，9 个全省工业系统。2003 年河北省在全国率先构建系统，自石家庄长安区、保定定州被确认为省级试点单位之后，三年后，省、市两级的 24 个试点全面展开工作，推向一部分县（市、区）。

4. 围绕京津冀经济圈开发群众体育发展模式

京津冀经济圈是北京、天津、河北三方组成，这是河北省区域经济发展的重要优势。京津冀经济圈在河北省以省会石家庄建设为核心，这是河北省经济发展的重要战略。因此，为群众体育的发展创造了巨大的优势。群众体育发展主要集中在社区和学校。社区是主要的健身场，城市经济圈的建设和房地产开发的有机结合，形成了许多健身示范区。借助生态环境建设，社区健身活动主要在主城区实现，结合广场舞健身项目开发群众性体育项目。按计划，河北省大众健身在未来将会蓬勃发展。城市经济圈的步行街、广场成为一个健身集中地区。如各类广场、公园和大型健身中心是最受欢迎且最集中的地方，商业和经济对群众体育的发展起到至关重要的作用。

三、指标体系研究成果分析

全面小康社会时期群众体育的评价指标属于社会评价指标。陆学艺教授主编的《社会学》这样界定社会指标的定义："社会指标反映的是社会地位统计数据系统，它是对社会发展的评价测量和监测，评价社会进步、揭示社会问题，研究社会发展现状和发展趋势的元素的重要定量措施。"社会指标应该具有具体性、数量、容易理解性、及时性和全面的特点。一旦这些指标用于实践中，可以使用其功能描述、解释、评价和激励功能。近年来我国已经出现了很多社会经济和文化事业研究的结果评价指标体系，体育产业有参与这项研究。吕树庭等曾就"在中国社会体育的专题研究设置评价指标体系"进行了专门的研究，在 2002 年发表了代表性的结果。这些结果在丰富人们对体育的理解和实践社会评价指标的同时，也由于时代的局限性而很难使用。因此，研究河北省小康群众体育的评价指标体系，可以以点带面，促进群众体育的深化。我国在这一领域的研究和研究成果的实际应用，是我国群众体育发展必须参与的新时期。

实践也启示我们在小康社会的总体目标下，必须加强全面建设。小康社会时期，群众体育的观念更新和制度创新，真正构建了具有中国特色的全民健身体系。近年来，发展群众体育的许多想法，尽管取得了一些成果，但在理论上，许多体系和措施仍是计划经济的产物，仍然缺乏从社会主义市场经济的角度，把握群众体育的内涵，缺乏使用市场经济的法律来促进群众体育的发展。在群众体育发展当中，以河北省为例，如果离开了国家政府的支持和推动，行政部门行政手段的干预，群众体育的深度和广度可能就会大打折扣。如果过多地依赖政府和行政措施的“控制”发展群众体育，更不用说良性和可持续发展。基本上，真正从市场经济的角度，把握群众体育的内涵，还需要社会和经济发展水平以及人民生活水平的提高作为重要的支持，在市场经济环境中增强自身造血功能和自我发展能力。从这个意义上说，全面建设小康社会群众体育是让市场经济良性发展必须经历的阶段。因此，加强群众体育小康时期的回顾和研究，促进群众体育的良性发展，在这个阶段是非常必要的。这一主题是全面建设小康社会时期河北省群众体育的研究的重点。

结合已达成的目标和评价指标体系，是这一主题研究的一大特色，也符合实际地区群众体育工作。因为在达到他们的目标和指标之间具有内在的逻辑一致性。目标是一种可以预期的积极成果，是一种常见的努力动员整个社会的激励因素。目标的合理性与实事求是，可确保理想的发展方向。目标是对未来预期的理想设计，以实现理想目标的设定目标内容。

评价指标是实现理想目标非常重要的过程监控手段。通过评价目标实现的状态，可以及时发现在实际操作中存在的问题和薄弱环节，纠正工作偏差，确保接近和达到预期的目标，同时有效地攻破可操作性不强的“目标”，保证群众体育工作事业脚踏实地。近年来，我国许多政府部门及时根据社会的需要来确定发展目标，同时一系列的评价目标的实现过程，以保证目标的实现。在实践中，各级领导的群众体育管理部门一方面针对群众体育工作的组织和管理；另一方面基于群众体育现状和水平的评估，并得到相应的反馈，促进和推动群众体育工作。根据调查发现，河北省许多体育行政部门目标管理系统得以实现，并使用多种形式和方法，确定该省的区域经济和群众体育发展形式。但由于不同的指标有不同的要求、标准，很难科学地分析和比较。事实表明，一个特定区域的大规模运动，只有把目标定期评估有机地结合起来，建立群众性体育组织和管理的长效机制，才能促进群众体育的健康和可持续发展。

第二节　构建河北省区域经济与群众体育协调发展评价模型

一、模型的选择

在这个日益发展的社会，就我国而言，河北省区域经济与群众体育协调发展评价方式多种多样，粗略估算应有几十种。其中比较常用的有，加权算术平均法、模糊综合评价法、灰色关联分析法、主成分分析法、数据网络分析法等。还有很多种，这里就不一一列举了。根据本书需求，这里使用加权算术平均法来分析评价河北省区域经济与群众体育的发展水平，从而得到需要的结论。

在这里，简单说一下河北省区域经济与群众体育协调发展评价的具体模型方式。具体的步骤如下：第一点，首先计算河北省区域群众体育发展水平的协调值。所谓的河北省区域群众体育发展水平的协调值就是指与河北省区域经济发展水平相适应的区域群众的体育发展水平的数值，对此的简称是协调值。而协调值的确定，使用最广泛的是回归分析模型。

简单说一下，设区域群众体育发展水平为 y，河北省区域经济发展水平为 x，建立它们之间的协调发展模型：以区域群众体育发展水平评价值为因变量 y，以区域经济发展水平评价值为自变量 x，进行一元线性回归分析，建立由根据区域经济的发展水平值预测区域群众体育发展水平协调值的一元线性回归方程：$y=a+bx$。将区域经济发展水平值实际值 x 代入上式，可计算出区域群众体育发展水平的协调值 y。

第二点，是计算河北省区域群众体育发展水平协调系数。按公式计算两个系统间的协调系数，根据区域群众体育发展水平的实际评价值，以及所有评价对象值的方差，加上将经济发展水平值带入协调发展值预测模型 $Y=a+bx$ 所计算出来的河北省区域群众体育发展水平协调值。

当区域群众体育发展水平实际值与协调值很接近时，越是接近 1，则表明区域群众体育对经济系统的协调程度高。相反，区域群众体育发展水平实际值与协调值相差很大时，无限趋近于0，则表明区域群众体育对经济系统的协调程度低。根据协调系数的大小，可对系统的协调状况作出判断。具体的数据状况在下文有具体的说明与分析。

实际上，我国群众体育的发展评价指标体系有两个目标：一个是流程模型——形成比较完善的全民健身体系。另一个是目标模式——促进全民族健康质量明显改善。流程模式与目标模式二者之间的关系是互补、互相限制的。

首先，过程目标是取得成果的目标所要达到的阶段目标和结构的过程。第二，如果不增加人们的健康需求，促进健康素质的提高，很难形成一个更加完善的全民健身体系形成。

多指标综合评价的指标包含的信息量是不同的，有差异的综合评价区分辨力。索引值在每个单元之间存在着显著差异，如果指数具有较强信息分辨率，那么恰恰相反，该指数的信息能力弱。如果索引值在每个单元没有差异或差异很小，则分析的指标综合评价不能提供任何信息，也失去了它的意义，不应该维护。识别能力指标的变异系数。变异系数值越大，鉴别力越强；变异系数的值越小，指数的鉴别力越小。

二、指标的经验性预选

中国有句古话“不打无准备的仗”，做任何一件事都可以说是在打一场仗。既然是打仗那就要做一些准备，而河北省区域群众体育发展水平协调发展的指标是需要预选的，而且最好是有经验的相关人士进行有经验的预选。

所以，根据社会发展，社会指标的原则：体育相关理论和群众体育工作的实际情况，坚持研究提出评价指标体系设计原则的群众体育的理论模型和研究思想，借鉴国内和外部社会指标体系和指标体系的运动经验，听取群众体育管理和体育类的一部分体育部门专家和学者们的建议和意见。本书在参考前人研究成果和经验的基础上，选择包括许多指标、二级指标的经验主要评价指标集，为第一轮专家咨询所用。

三、筛选指标

本书采用信件和电子邮件进行多轮专家问卷调查，问卷调查的有效率和回复率在 90% 以上。处理每一轮的调查问卷使用数理统计和分析，统计结果和专家意见反馈下一轮的调查问卷。因为本研究采用了变异系数法来研究各个指标。变异系数法是一种直接利用各项指标所包含的信息，通过计算得到指标的权重。它属于一种比较客观的赋权法，这一方法在选取指标时比较倾向于选取差异性比较明显的指标，因为这种指标的预期目标一般较难实现，而这种指标更能反映被评价单位之间存在的差异性大小。所以，本研究选取了人均群众体育经费投入以及城镇居民人均可支配收入、农村居民人均纯收入等人均指标来进行研究。因为区域经济中，经济总量可能差距较小，但是由于人口数量上存在很大不同，所以人均水平更能反映一个区域的真实经济水平；同理，这也适用于群众体育的发展水平研究。

四、统计和修正指标

收回问卷以后，从三个方面对问卷结果进行统计分析：首先计算重要程度，即计算每个指标的算术均值 M_j，对专家意见的集中度进行分析；其次计算离散程度，即计算指标的标准差 S_j，将专家对指标重要程度评价的分散程度反映出来；最后计算相对离散程度，即计算指标的变异系数 V_j，将专家对指标评价的协调程度反映出来，专家意见的协调度越高，值越小。下面是一些相关的公式：

$$M_j = \frac{1}{n}\sum_{i=1}^{n} X_{ij} \qquad S_j = \sqrt{\frac{1}{n-1}\sum_{i=1}^{n}(X_{ij}-M_j)^2} \qquad V_j = S_j / M_j$$

定量的判断方法，是使用数学方法从指标选择，评价指标之间的关系，把不符合要求的指标排除。在这项研究中，应用定量的方法筛选评价指标选择典型的指数法。因为选择了较多的预选指标体系，所以将指标聚类，然后在每个类别选择具有代表性的指标，作为典型指标。大量计算的聚类分析方法，几种典型指标与单向关系也可以使用，虽然这种方法相对粗糙，但也有其优点，就是其计算简单和方便应用。

第三节　河北省区域经济与群众体育协调发展实证研究

一般来说群众体育的评估，主要有四个基本步骤 首先，确定评价目标，即根据全面小康时期河北省群众体育的总体目标、具体目标的评估、评价对象、评价内容；其次，选择评价方法，即根据评价指标体系的基本内容确定具体的实现方法；第三，收集信息的评估需要，也就是说，具体观察、测量，一个非正式的讨论，阅读材料，收集相关信息；第四，根据评价标准，即根据本研究提出的目标，根据指标标准，对收集到的信息进行价值判断和解释，并及时反馈评价对象。

社会指标体系用于多指标评价的评价方法，评价体系中的每个指标的重要程度是不同的，您需要确定每个指标的权重系数来确定相对的重要程度。层次分析法（简称 Analytic Hierarchy Process 简称 AHP）将总是与元素相关的决定分为多个目标、原则、方案等层次，在此基础上的定性和定量分析的决策方法。这是一个把复杂的多目标决策问题作为一个系统进行分析，该系统分解为多个目标或标准，和多个指标或标准，限制几个层次，通过定性指标模糊量化方法计算重量层次单排序和总排序，作为目标指标方案优化决策的系统方法。

层次分析法将评估指标分层相比，将各项指标的重要程度排列出来，并确定数值指标。层次分析法可以客观地描述专家的经验知识和理性分析，提高每一层的加权指数的科学性，指标的设置都直接或间接地影响结果，进行指标间的相对重要度对比，得到量化的程度对结果的影响很明显，提高权重集的有效性。层次分析法不仅仅是追求高等数学，也不是片面地强调行为、逻辑和推理，是结合定性方法和定量方法，通过分层比较来降低比较判断的思维承受能力，提高判断的准确性。

结合现有的研究状况和能力，本研究采用层次分析法确定城乡群众体育资源，每个重量指数评价指标体系的基本步骤如下：首先，建立一个层次结构。通过分析，将目标一步一步分解形成不同级别的一个类层次结构。

第二，构建两个判断矩阵。判断矩阵是相对重要程度的每一层指标两两比较，即建立城乡群众体育资源评价指标层次结构，请专家分别从每一级指标到模型研究。第三，层次单排序和一致性检验。层次单排序，计算下级指标相对其上级指标重要性的排序权值。判断矩阵的一致性，得出每一层的指标权重。第四，每一层的层次单排序计算出相对于其优越的重量指标，使用二级指标权重和相应的水平指标综合加权指标权重，得出二级指标相对于总目标的权重系数；三级指标权重和二级指标相对于总目标的权重的组合权重，并得出三个层次的指标相对于总目标的权重系数。

一、确定指标权重

在综合评价中，确定每个指标的权重的评价指标体系是最重要的关键工作，指标权重的大小直接影响最终的评价结果。过去的研究中，许多学者已经提出了很多方法，总结这些方法可以分为三个类别，主观赋权法、客观赋权法、组合赋权法。

主观赋权法。该方法根据判断他们自己的知识和经验来确定权重的方法，具有主观性和模糊性的特点，任何一个评判者给的权数不可避免地有一个强大的“个人色彩”。客观赋权法。根据指标之间的变异程度，指数或指数之间的相关性方法确定权重，可以在某种程度上避免主观价值的方法所带来的偏差。组合赋权法。是采用各种各样的赋权方法对指标赋权，然后进行综合指标权重，以得到最终的权重的赋权方法，该方法克服单一赋权结果的片面性，权重稀释各种方法的缺点，更科学合理。本文运用组合赋权法，对主观赋权法与客观赋权法所计算出的权重进行综合，各指标权重更加科学合理。

本文确定指标权重主要运用了变异系数法（见表 4-1）。

二、指标数据的无量纲化

不同的指标往往具有不同的量纲，为了使分析指标具有可比性，必须将原指标进行无量纲化处理。通过极差法对原始数据进行标准化。

表 4-1　　群众体育与经济指标体系权重

指标名称	Y1	Y2	Y3	Y4	Y5	Y6	Y7	Y8
群众体育权重	0.084124	0.098583	0.044688	0.55405	0.102656	0.030929	0.036355	0.048614
指标名称	X1	X2	X3	X4	X5	X6	X7	X8
经济指标权重	0.035933	0.034817	0.042959	0.032672	0.172689	0.14392	0.144416	0.081768
指标名称	X9	X10	X11	X12	X13	X14		
经济指标权重	0.088336	−0.03789	0.050437	0.029891	0.111628	0. 068421		

三、群众体育与经济发展水平的计算

将群众体育与经济指标体系权重与无量纲化数据，通过加权算数平均评判函数。

$F_i=W_1\times Z_i1+W_2\times Zi_2+\ldots+W_m\times Z_{im}$（i=1，2，…m），$W_i$（i=1，2，…m）为评价指标体系中指标的权重，Z 为处理后的指标标准值。计算群众体育与经济的水平（见表 4-2）。

表 4-2　　群众体育与经济发展水平评价

省份	经济水平	群众体育水平	省份	经济水平	群众体育水平
北京	0.70086	0.51889	河北	0.28797	0.39973
天津	0.46333	0.61797	湖南	0.37786	0.40267
河北	0.35502	0.38938	广东	0.45512	0.50108
山西	0.59108	0.30997	广西	0.65918	0.36277
内蒙古	0.69513	0.54073	海南	0.53198	0.25964
辽宁	0.50134	0.45371	重庆	0.54241	0.41916
吉林	0.47207	0.37283	四川	0.49237	0.42066
黑龙江	0. 28596	0.34348	贵州	0.05659	0.30082
上海	0.45153	0.52202	云南	0.42527	0.30927

续表

省份	经济水平	群众体育水平	省份	经济水平	群众体育水平
江苏	0.76714	0.57902	西藏	0.41287	0.29929
浙江	0.62234	0.49202	陕西	0.42949	0.41836
安徽	0.40469	0.39135	甘肃	0.43248	0.27067
福建	0.52569	0.40736	青海	0.51043	0.33917
江西	0.53416	0.39188	宁夏	0.49836	0.35614
山东	0.57306	0.48854	新疆	0.25101	0.22292
河南	0.48588	0. 38579			

四、建立群众体育与经济协调发展评价模型

在充分查阅现有相关文献的研究成果的基础上，通过理论和实证两种方法来构建确定河北省经济与群众体育发展水平的指标体系。后通过计算河北省群众体育与经济指标的权重，确定方程式后才能对河北省经济与群众体育发展水平进行打分评价；最后对河北省经济与群众体育协调发展进行评价；并进行验证分析，将河北省区域经济与群众体育协调发展状况分成四类：协调、准协调、弱协调、微协调；比较客观地反映河北省区域经济与群众体育协调发展的状况。通过深入分析，提出促进河北省区域经济与群众体育协调发展的策略，从而使当地政府制定发展政策时，更好地处理好河北省区域经济与群众体育协调发展的关系，从而说明政策具有一定的指导意义。

以体育为自变量、经济为因变量进行回归分析，构建群众体育与经济协调发展的评价模型：$Y=0.171+0.759X$；对回归方程进行检验，结果说明群众体育与经济水平之间线性相关显著。可以通过评价模型，对体育与经济的协调状况进行评价。

由上表可知，河北省的群众体育与经济指标的评分为 $Y=0.38938$，$X=0.35502$，将实际经济水平值代入回归方程，得到理论上体育发展水平 $=0.44046018$。计算群众体育与经济协调的系数：$C（Y/X）=0.80602065$（Y

为理论值)，依据协调系数 $C<0.6$ 是微协调；$0.6 \leqslant C<0.8$ 是弱协调；$0.8 \leqslant C<1$ 是协调，可知河北省群众体育发展与经济发展的协调水平是微协调。从而说明，河北省群众体育与经济相互协调是较弱的。

在充分查阅现有相关文献的研究成果的基础上，通过理论和实证两种方法来构建确定河北省经济与群众体育发展水平的指标体系。后通过计算河北省群众体育与经济指标的权重，确定方程式，后才能对河北省经济与群众体育发展水平进行打分评价；最后对河北省经济与群众体育协调发展进行评价；并进行验证分析，将河北省区域经济与群众体育协调发展状况分成四类：协调、准协调、弱协调、微协调；比较客观地反映河北省区域经济与群众体育协调发展的状况。通过深入分析，提出促进河北省区域经济与群众体育协调发展的策略，从而使当地政府制定发展政策时，更好地处理好河北省区域经济与群众体育协调发展的关系，从而说明政策具有一定的指导意义。

从前文的研究表明，河北省现阶段群众体育与经济协调程度比较弱，不过河北省群众体育发展水平与经济发展水平的关系正在日益协调。这也表明河北省在今年区域经济和群众体育方面确实有一定的进步，取得了一些成绩。尤其是在群众休闲健身领域，借助京津冀一体化与 2020 年冬奥会的发展机遇，发展体育休闲产业，建设了各种体育娱乐设施。相信河北省区域经济和群众体育的协调发展会越来越好。

第五章　河北省区域经济和群众体育协调发展的优势和策略

群众体育是我国体育事业的一个基本部分，也是促进体育事业实现更好发展和进步的最经济、有效的手段。群众体育的茁壮发展，是我国竞技体育取得举世瞩目成绩的基础，在我国经济发展中所占地位也愈加重要。它提高了群众的身体素质，提高了社会的生产效率，对我国经济的发展有极大的促进作用。2011 年国家体育总局群体司提出，大力发展群众体育，促进全民健身服务业的发展，进而推动体育产业健康发展。群众体育既可以满足人们对强身健体、休闲娱乐等活动的需求，同时又对经济发展起到了积极的推动作用。近年来，随着人民群众生活水平的提高、对健康的日益重视、全民健身运动的蓬勃开展，使人们对体育健身休闲的需求呈迅猛发展的趋势，成为体育产业发展的推进器。群众体育的发展可以促进体育消费，为区域经济的发展带来无限商机，促进区域中相关产业实现经济效益。与此同时，区域经济的发展水平是群众体育事业发展的基础，从根本上决定着群众体育事业发展的水平与速度。区域经济的发展不仅在体育经费的投入和体育场地设施的建设等硬件设施方面制约着当地的群众体育发展水平，而且在观念、思维方式和行为方式等方面制约着群众体育发展规模的扩大和水平的提高。因此在面对河北省区域经济和群众体育协调发展的问题上，我们要辩证地看待其中所存在的问题，并加以分析。如何切实可行地促进河北省区域经济与群众体育协调发展，需要从几个方面来着手，从实际情况出发，在满足我国国情和实际的政治经济大环境的基础上，提出不同的策略和措施，以促进我国河北地区经济实现更好更快的发展，确保河北区域经济与群众体育实现协调发展。随着改革开放的深入，河北省不断加大产业结构调整步伐，其中一个重要方向就是大力发展第三产业。因此群众体育的蓬勃发展和体育产业的兴起符合产业结构调整方向，符合河北省发展生态产业的愿望。群众体育的发展方面和旅游、制造业有很高的关联性，可以直接带来可观的经济收入；另一方向可以带动餐饮、商业、交通、基础设施建设等相关产业的发展，推动河北省的全面发展。同时，群众体育的发展及体育产业兴起也是一个劳动密集型产业，能为河北省带来大量的就业机会，提高本地人民的生活水平。另外群众体育对增加财政收入、吸引投资进入也有着重要的意义。此外，群众体育的蓬勃发展必然伴随着大量的信息流动，对打破部分地区封闭的状态、促进人们观念的转变具有非常重要的作用；也对促进河北经济社会的全面发展，跟上时代的潮流至关重要。通过群众体育和体育文化的开展，河北省可以为自己找到一个向外部世界展示的平台。河北省群众体育活动，本身就是一种特殊的地方文化展示，包括蕴含于内的民族性和显形于外的身体运动，包括传统习俗、历史渊源、舞蹈艺术、民族情感、伦理道德等多重含义。通过发展群众体育，开展体育文化活动，加大与外部世界的交流，是河北省学习先进文化、先进技术，促进地区经济文化、体育发展的捷径。

第一节 河北省在区域经济和群众体育发展方面的优势

一、自然资源优势

河北拥有丰富的体育自然资源，可供发展群众体育利用，有利于河北省群众体育运动的蓬勃发展。众所周知，河北省地貌复杂多样，是高原、山地、丘陵、盆地、平原类型齐全的省份，拥有异常丰富的自然资源。河北省自然资源量多质优、分布广泛，共有3个世界文化遗产，国家地质公园3个，国家级历史文化名城5个，9个国家森林公园、8个国家级风景区，11个国家爱国主义教育基地，5个国家级自然保护区。河北地区有各种地形地貌，自然风景秀丽多姿。有山地、海滨、高原、湖泊、平原、丘陵等五大地貌类型，水文、气候、地貌、地质等天然地理条件具备开展多种群众体育项目的优势，每年都会吸引大批国内外游客来河北休闲健身，河北已经成为众多旅游者的首选目的地。河北省位于北纬36°03'—2°40'，气候属大陆性季风气候，四季分明。具有多种多样的旅游资源。根据自身的发展特点和自然的资源优势，河北省开发出多种属于自己的体育健身项目，如海上体育项目、漂流、滑雪、高尔夫等。

（一）滨海资源

由于河北省沿海地区比较多，因此其海岸线也相对较长。根据统计，河北省海岸一带的总面积为10364平方千米，其中蕴含着丰富的海洋及海滨资源。河北省比较有名的沿海城市有：北戴河、南戴河、秦皇岛等。北戴河的鸽子窝、南戴河的国际娱乐中心、秦皇岛的东西海滩浴场等等，是河北省可以开展海上体育项目的重要景点之一，也是群众进行体育项目可以优先选择的地域。具体来讲，北戴河的铁人赛项目已经被我国评选为国家群众体育精品项目，这从一定侧面上说明了河北省有着深厚的群众体育资源。秦皇岛作为河北省最突出的沿海城市，也是我国首批确定的优秀旅游城市。全年气候温和，海岸线曲折绵长，这就为开展海上项目、沙滩体育等群众性的体育项目提供了丰富的物力资源，为体育旅游产品的开发提供了良好的发展空间。秦皇岛—唐山段，是典型的沙质海岸，在这里已建有多种健身娱乐设施与场所。北戴河、南戴河、黄金海岸、山海关、石坨岛等是开发海滨体育旅游的首批目的地，以海水浴、海上运动、海洋潜水、海岸滑沙等为主，形成了系列化的项目。在昌黎县境内，东距北戴河海滨17千米，西南到滦河入海口，在长达52.1千米的海岸边，沙质松软，色黄如金，称黄金海岸。这里海水洁净，沙粒匀细，由于海潮季风的作用，在海岸沿线形成世界罕见的大沙丘，高度达30～40米，造型优美，形成独特的海洋沙漠风光，景色极为壮观，是优质的海滨浴场，而且已建成我国第一滑沙场。滑沙场现有两处，一处由沙山滑向谷底，一处滑向大海。目前世界上除南非纳米比亚设有此项目外，黄金海岸的滑沙场位居世界第二位，每年吸引着成千上万的游客来这里滑沙健身。除此之外，这里还有帆船、海水浴、冲浪、潜艇、跳水等体育健身项目。

（二）漂流资源

随着人们生活水平的提高，人们在选择娱乐休闲项目的时候，范围更广。作为一种兼具刺激性和娱乐性项目的漂流运动，因为其特有的感官体验，越来越受到人们的喜爱，已经成为人们外出游行时的重要选择之一。河北省也拥有进行漂流的自然资源，比如说河北省野三坡北大河漂流，它位于河北省著名的风景名胜区野三坡内，在这里人们除了可以享受到漂流的乐趣外，也还可以领略到野三坡的无限风光。河北省野三坡北大河漂流区共有16出激流险滩，其中有“东方小亚马孙”之称的野三坡九龙洞漂流，就是凭借其漂流里程、漂流河道的蜿蜒曲折和水量的丰富性而被人们熟知和喜爱的，这为人们外出进行群众性的体育项目提供了一定的选择性。同时，河北省内拥有“北国第一漂”称号的东方巨龟苑的野河漂流就凭借其河最大、最宽、水最清、生态环境最好而享誉中外。此外，河北省承德市所属的兴隆县内也有一个进行漂流运动的天然良港——兴隆红河峡谷漂流景区，它的自然落差达到了80米左右，为人们追求刺激提供了一个重要的选择场所。河北省也经常举办一些漂流节，一方面可以宣传河北省所拥有的漂流场所，另一方面也为河北省带来了一定的财政收入。比如，河北省旅游局在2010年就曾经主办过第二届中国顺平唐河漂流节，接待的旅游总人数大约为8万人，为河北省也带来了约800万的收入。河北省拥有的漂流资源除了上述提到的，还有狼牙山漂流、邢各庄漂流、大石屿漂流等漂流旅游资源。

（三）滑雪资源

河北省除了拥有海洋资源、漂流资源等旅游资源外，还拥有丰富的滑雪资源。坝上高原地势平坦，冬季气候寒冷，大雪漫地，成为天然的滑雪资源，适合开展冰雪运动。典型的是崇礼区，属内蒙古高原与华北平原的过渡地带，全境以中等山峰为主，海拔由820米延至2174米，森林覆盖率达30%，冬季降雪量平均达到26mm。河北省滑雪资源中，张承地区凭借其得天独厚的滑雪资源，使其在滑雪资源的开发上具有较强的主动性。张承地区拥有的滑雪资源除了可以建成高山滑雪场外，还可以建设成低山性的滑雪场。不同的滑雪场的功能是不同的，高山滑雪场更多的用于比赛，低山性的滑雪场更多的用于娱乐。此外，除了滑雪场之外，张承地区也建立了一些溜冰场，这样可以更加满足旅游人员多方面的需求。早在2007年，河北省就通过了《环京津休闲旅游产业带发展规划》一文，这是河北省第一次以省委、省政府文件的形式，正式对河北省的冰雪旅游产品的开发问题提出规划，对促进河北省冰雪旅游资源的开发和进一步发展起到了重要的推动作用。目前河北省开发了很多的滑雪场，如张家口崇礼滑雪场、长城岭滑雪场、翠云山滑雪场、万龙滑雪场、云顶滑雪场、石家庄清凉山滑雪场、承德塞罕坝雪场、秦皇岛紫云山滑雪场等等。其中，翠云山滑雪场，是中国华北地区最具规模的四季旅游景区。海拔1500～2100米，冬季气温在-30℃至-15℃之间，年积雪期长达5个月以上，雪质优良，厚度可达1米多，每年11月份到来年3月份有长达130天的滑雪期。这里沟壑纵横，山势平缓，是理想的滑雪、休闲胜地，被人们称为华北地区的“亚布力”。河北省第一个滑雪场——崇礼滑雪场，建立于20世纪90年代中期，全长126千米，不仅拥有各种高、中、初级雪道65条，还有四个主要的滑雪场——万龙、云顶、多乐美地、长城岭滑雪场，可满足滑雪游客的多样需求。需要注意的问题是，虽然河北省提出了《环京津休闲旅游产业带发展规划》，并且也提出了对河北省冰雪旅游资源的开发问题，但河北省目前的冰雪体育旅游资源开发仍旧处于一个起步的阶段，主要表现为冰雪体育旅游的产品种类比较单一、基础配套设施相对薄弱、硬件设施不能满足旅游群众的需求等，不能满足人民群众多样化的需求。

（四）山地资源

河北省有许多名山大川，山脉连绵、巍然屹立的燕山和太行山，造化出各具特色的名山，如雾灵山、小五台山、云雾山、五岳寨、苍岩山、嶂石岩、碣石山、角山、祖山等。目前，抱犊寨、沕沕水生态风景区、滹沱河景区、河北平山黑山大峡谷、金山岭长城、藤龙山、景忠山、邢台九龙峡、邢台云梦山、易县狼牙山、鸡鸣山等风景旅游区，已经开发了登山观光、森林冒险、徒步旅行、拓展训练、山地户外运动等各种群众体育产品。鸡鸣山是国家4A级风景区，它位于河北省张家口下花园区内，风景区集神、奇、险景观于一身，素有"京西第一奇峰"之称。鸡鸣山登山旅游节始于2005年，两年举办一次，已成功举办三次，已经从原来单一的登山活动，发展成综合性的文化体育旅游活动，品牌效应明显，被评为"全国民族文化旅游最具发展潜力品牌""全国民族文化旅游推介活动十大新兴品牌"等，在促进当地体育旅游业的发展中扮演了重要角色。国家体育总局登山运动管理中心在保定易县狼牙山，于2003年发起的全国群众登山健身大会，吸引了全国各地的登山爱好者和众多游客参与，为当地带来大量的客流，促进了当地旅游业的发展，提高了狼牙山的知名度。拓展训练作为一种新兴的群众性体育活动，逐渐成为公司和企事业单位提高团队凝聚力，激发团队活力的重要方式之一。因其强烈的人文主义，适用性强和寓教于乐等特点，在省内迅速发展起来。例如，位于河北省灵寿县境内的沙湖拓展训练基地，从体育角度出发，融合了模拟训练、情景授课、拓展培训、野外生存等多项团队培训项目的精华，打造增强企业凝聚力、促进员工沟通，激励团队潜力的户外素质拓展训练方案。随着居民生活水平的不断提高，群众体育的选择也更加多种多样。越来越多的人离开了传统的健身体育场馆，挑战大自然，挑战自我，或登山寻溪，或丛林穿越。山地户外运动由于其探险性、挑战性越来越受到大家的喜爱和关注。河北省内燕山和太行山中山地户外资源非常丰富。张家口的崇礼、张北、蔚县的小五台已经成为山地户外运动的天堂。另外，张家口的老掌沟、张北县的桦皮岭、保定顺平的白银坨、唐县的大茂山、石家庄平山县的白羊关、猪圈沟、老虎头、鹿泉市的莲花山、邢台县的摩天岭等开发程度较低的区域也是山地户外运动爱好者时常光顾的地方。河北丰富的山地资源满足了群众山地骑行、徒步穿越、攀岩寻溪、野外露营等各种形式的户外运动健身需求。

（五）其他资源

河北省有着丰富的人工体育休闲设施资源。各地市已建有多处不同规模的高尔夫球场、网球场及保龄球馆等休闲设施，尤其是高尔夫球项目吸引着一大批体育爱好者。高尔夫球这项运动受自然条件影响较大，气温过低或过高都不适合打球。河北省地处北温带，寒暑交替，四季分明。阳春三月，河北有着和煦的春风，非常适合高尔夫球爱好者边散步边打球。烈日炎炎的夏日，承德避暑山庄的凉爽天气也让众多高尔夫球爱好者结伴北上。这种气候资源的有效共享和互补，形成了河北发展高尔夫球的独特优势。再加上河北省地处中纬度沿海和内陆交接地段，地形地貌齐全，气候宜人，不仅有名山大川，还有冰雪温泉、海浪沙滩，兼具平原球场的秀美和山地球场的奇险，给高尔夫球爱好者带来不同的体验，具备发展高尔夫体育事业的优越条件和广阔前景。目前，河北省已经建成了十几处不同规模的高尔夫球场或者是度假区，其中6个高尔夫球场已经达到了国际标准——18洞72杆，三个高尔夫球场甚至已经达到了27洞108杆的国际比赛标准。此外，河北省高尔夫球场的类型也是多种多样的（如岛屿型、山水型、田园型、山地型等），可以用来满足特定顾客群体的需求，吸引着大批的高尔夫球爱好者到河北进行高尔夫球运动。其中涿州京都高尔夫旅游度假区是全省最大的具有国际标准的高尔夫旅游地，它总占地面积为1900亩，建有一个18洞灯光球场和一个18洞大众球场，它已有承办国际比赛的能力。同时，正在建设射击场，以体育文化为主题的夜总会，有室内滑雪馆和游泳池的水上乐园。包括马术中心、滑沙场、足球场、网球场、排球场等在内的室外大型活动区以及高尔夫球、足球等体育培训学校，使之成为综合性的体育旅游度假区。涿州还有京南永乐高尔夫俱乐部，球场为18洞72杆国际标准平原型高尔夫球场，占地面积为1600亩，全长为7148码，所有球道全部南北走向，球道呈大波浪配置，富于变化性，有10平方米的水塘及82个沙坑，还配有300码露天练习场及三片果岭推杆练习场。石家庄世纪高尔夫球场占地400亩，为多功能、高标准的9洞国际标准球场。灯光练习场占地面积为21.62亩，长200码，宽88码，是专为球手们练习所用，有专职教练免费指导，还陆续开办了培训班。灯光练习场现有练习位48个，分上下两层，每个练习位均有球童服务。此外，河北省唐山的南湖国际高尔夫球场是由尼克劳斯旗下首席设计师Joe Fobringer负责规划和设计的。它位于唐山市南部国家湿地公园，不但球场的建设标准是国际标准——72杆锦标赛级，而且球场的球道是围绕着湖岸而建的，因此形成了18洞双湖景的景象。18个球洞各个风格奇异，每个果岭的设计都是十分巧妙的，如2号、9号、12号、13号、14号球洞越湖而设，使人惊心动魄；10号洞由7个尼式特色的魔鬼沙坑庇护，遥望巨大的果岭而不可得，令人荡气回肠，高尔夫球场凭借其优美的风景和精巧的果岭设计使人流连忘返。河北省还有沧州名人高尔夫球场、廊坊京津花园高尔夫球场、昌黎黄金海岸高尔夫球场、三河京华高尔夫球场、外廊坊东方大学城高尔夫球场、三河新奥艾力枫社高尔夫球场等，每个高尔夫球场都有自己独特的特色，满足了众多高尔夫爱好者不同的需求。

此外，河北省还拥有不少国家体育训练基地，为体育爱好者提供特殊旅游之处。依靠这种优势可以促进当地群众体育的发展，实现区域经济和群众体育的协调发展。河北省拥有崇礼高原训练基地、正定乒乓球训练基地、廊坊市香河足球训练基地以及秦皇岛的足球训练基地等众多国家体育训练基地。可以在培训基地、体育场馆中进行相关体育旅游项目的开发，为体育旅游爱好者的参观与游玩提供了一个理想之地。河北正定国家乒乓球训练基地暨中国乒协正定国际培训中心，位于历史文化名城——正定县。国际乒乓球训练中心承担着国家乒协的训练和对外交流任务，积极承办了亚洲少年夏令营和国际青少年训练营等多种交流活动。该基地多年来还接待了来自俄罗斯、印度、法国、瑞典等几十个国家和地区的乒乓球队并且承办了四届亚洲少年乒乓球训练营活动和国际青少年乒乓球训练活动，以及全国各种乒乓球锦标赛和各行各业的大型乒乓球比赛，为中国和世界乒乓球运动的交流、发展与研究做出了巨大的贡献。秦皇岛的足球培训基地，规模大，设施完善，承担过多次专业比赛，投资承办了2008年北京奥运会足球分组赛的比赛任务。该基地拥有投资13.5亿元，占地550亩，容纳3.5万观众的高水平、现代化的奥林匹克体育中心，包括一个可以进行田径和足球比赛的中心体育场，两块训练场，一个体育馆、一个游泳馆和其他一些相关设施。廊坊的足球训练基地也吸引了众多足球爱好者前来看球。

二、传统文化资源优势

众所周知，河北省被称为燕赵文明的龙脉，这在一定侧面上也说明了河北省拥有璀璨的历史文化资源。这种历史文化资源为河北省发展群众体育项目提供了良好的条件。自古以来、武术、摔跤、爬山、舞龙和其他体育活动在燕赵大地世代相传，河北省有着众多历史文化遗迹。悠久的历史以及深厚的体育文化底蕴是促进河北省群众体育发展的巨大人文优势，正是这种人文优势才使得河北省在实现经济与体育协调发展上有明显优势，借助于人文环境来促进省内区域经济和群众体育协调发展的前景一片光明。

（一）传统体育文化资源

河北省民族传统文化有着悠久的传统和丰富的资源。河北省居于渤海与太行山之间，是我国先民最早活动的地区之一。考古发现，桑干河流域阳原盆地存在旧石器文化遗址，约在一百万年以前已有古人类在这里活动。新石器时期，河北境内既有仰韶文化，又有龙山文化，在磁县还发现了比仰韶文化早二千三百多年的磁山文化。进入有文字记载的历史以来，这里曾是夏禹治水之地，曾属于商的王畿，西周时期这里建有蓟、燕、邢、孤竹等国，春秋战国时期燕国、赵国、中山国都建都于此，秦时这里有八个郡治，自汉至隋这里分属幽州、冀州，在元以后这里长期成为封建王朝的畿辅重地。因此，河北具有深厚的文化积淀，形成了丰富的人文资源。历代文人多有赞颂河北地区的诗文。曹植《白马篇》诗热情赞美“幽并游侠儿”武艺高强、忠勇爱国。王昌龄《塞上曲》诗称赞“幽并客”一向勇敢地纵横沙场，“皆共黄沙老”。韩愈《送董邵南游河北序》说：“燕赵古称多感慨悲歌之士。”韦应物《送崔押衙相州》诗云：“礼乐儒家子，英豪燕赵风。”无产阶级革命家朱德《太行春感》诗云：“从来燕赵多豪杰，驱逐倭儿共一樽。”司马迁《史记》，其《货殖列传》中说，赵代地方的人民“矜懻忮”“好气任侠”“羯羠不均”，“僄悍”；中山地方“民俗懁急”“丈夫相聚游戏，悲歌忼慨”；燕地人民“雕捍少虑”。赵、代、燕、中山，都属于古代的河北。燕赵大地，曾上演过许多慷慨悲歌的活剧，如公孙杵臼、程婴救孤殉难，燕昭王兴燕破齐，荆轲冒死刺秦王，高渐离忍受目盲的痛苦伺机以铅筑扑击嬴政，为燕丹策划复仇的处士田光以死明节，鲍宣冒死谏诤民有“七亡（无）”“七死”而无“一得”。河北大地向来是多种民族文化融合之所。这里是“中原古文化”和“北方古文化”交汇的地带，地处北部边境，“数被寇”，黄帝、炎帝两个部落曾与蚩尤大战于涿鹿，后来黄、炎二帝为了争做盟主又大战于阪泉，完成了最早的民族融合。东晋以后，匈奴、羯、鲜卑、氐、羌等所谓“五胡”相继汉化，游牧民族的剽悍性格也融入河北人民的血液之中。种种深厚的人文历史积淀，形成了河北人民英武豪侠的气概，也为河北群众传统体育文化发展打下了坚实的基础。河北省是中华武术的发祥地之一，有形意拳、太极拳、八卦拳、六合拳、八极拳、迷踪拳、八闪翻、鹰爪翻子、戳脚、通背拳等五十多项拳种；燕赵人民尚武成风，有七十余县开展了武术活动，习武者达数十万。武术名师辈出，清代以来，有曾经力劈俄国拳师的孟村拳师丁发祥；有曾经战胜西欧拳王的河间县内家高手张占魁；有以一个高楼栏杆倒立吓走欧洲拳师康斯顿，尔后又连续击败美国拳师沙利文、英国拳师乔治、法国拳师彼得的沧州全能武术家“神力千斤王”王子平；有击倒俄国著名大力士裴益哈伯尔一雪国耻的定兴县形意拳家朱国富，等等。此外，摔跤、踢毽子、转铁球、荡秋千等民间体育项目也很普及。武术、杂技、太极拳等传统体育项目在河北省历史悠久，源远流长。沧州武术久负盛名，孟村太极拳和沧州劈挂拳被列为国家十大传统拳种，作为国际、国内武术竞赛规定套路向世界推出。市内建有武术馆、武术专业学校，而拳社遍及城乡，形成深入民众的大众性演练活动，沧州先后获得河北省和国家体委命名的“武术之乡”称号，是中外游人参加、研修和习武的首选之地。太极拳在河北省普及面很广，非常有名的有邯郸永年太极拳和邢台董氏太极拳。永年是太极拳发源地之一，中国永年太极拳国际联谊会世界闻名，并建有永年太极广府城。河北杂技以吴桥杂技为代表，历史悠久，内涵丰富，技艺精湛，成为“东方艺术明珠”的亮点，以吴桥杂技命名的“中国吴桥杂技国际艺术节”已成为国家级艺术节和世界三大国际杂技赛场之一，特别建设了吴桥杂技大世界。吴桥县是闻名中外的“杂技之乡”，其杂技活动普及到了田间地头，人人有一手，为全国各地培养了成千上万的杂技马术演员。其中，有不少人已经成为享誉国内外的杂技表演艺术家，例如夏菊花、王喜福、边云明、陈兰英，等等。不仅弘扬了中华杂技精华，也为河北省体育旅游开拓了国内外市场，树立了河北形象。保定素有崇尚文物、保健养生的传统，人均寿命高于全国64岁，是中国有名的长寿之城，这里一年一度的老年健身节吸引着越来越多的中外游客。白洋淀是河北平原上最大的淡水湖泊。汇集了唐河、府河、漕河、拒马河等九条河水，总面积为366平方千米，正常蓄水量4亿立方米。游人可以乘汽艇或木船、观看渔民拉网捕鱼，甚至可以与渔民一起下淀捕鱼，也可以自己准备一根钓鱼竿，一边划船一边垂钓。建设的诸多大型游泳场、水上体育乐园也为开展群众体育活动提供了便利。

（二）历史文化遗迹资源

河北省保存的历史文化遗迹，在国内位居前列，仅省级重点保护文物单位（世界文化遗产、国保单位亦在内）就有三百余处（世界遗产3项、全国重点文物保护单位88处）。其中有古遗址、古寺庙、石刻造像、古建筑及历史纪念建筑物、革命遗址及革命纪念建筑物等，为群众徒步旅游、登高览胜等健身活动提供了良好的去处和历史文化氛围。其中古遗址有阳原县泥河湾遗址等旧石器时代遗址五处；有武安县磁山遗址（磁山文化最初发现地点，国保单位）、正定县西洋村仰韶文化遗址、唐山市大城山龙山文化遗址等新石器时代遗址十五处（其中有小部分延至商、周）；有藁城县台西遗址、隆尧县柏人城遗址等商、周时代遗址十四处；有邯郸市赵国故城、平山县中山国灵寿故城、易县燕下都遗址等战国遗址五处；有滦平县小城子城址等战国至汉代古城址十四处（其中一处延至北朝，一处延至金代）；有蔚县代王城址、临漳县邺城遗址等两汉至元代古城址十三处，汉代冶铜、冶铁遗址各一处，以及著名的邢窑、定窑、磁州窑的遗址。石刻造像有定县北庄汉墓石刻、隆尧碑刻群（北魏、唐）、邢台南良舍造像碑（北魏）、宋璟碑（颜真卿书，唐代刻）、沧州铁狮子（后周，国保单位）、贾母贞节碑（赵孟頫书，元代刻）、重修南宫县学碑（张裕钊书，清代刻）等，共三十五处。古建筑有战国至金的古长城、邯郸武灵丛台、定兴县义慈惠 石柱（国保单位）、赵州安济桥（即赵州桥，国保单位）、正定开元寺钟楼和塔（国保单位）、赵州陀罗尼经幢（国保单位）、定州开元寺塔（即瞭敌塔，国保单位）、正定隆兴寺（即大佛寺，国保单位）、正定广惠寺华塔（国保单位）、曲阳北岳庙（国保单位）、石家庄毗卢寺、张家口清远楼和镇朔楼、保定古莲花池、邯郸吕仙祠、明代万里长城、山海关（国保单位）、承德避暑山庄和外八庙（世界文化遗产）、木兰围场、孟姜女庙、保定大慈阁、定州贡院考棚等。其中长城资源是其中最著名的体育旅游资源，值得政府开发。河北省是中国长城大省，是在各省市自治区中修长城最多的省份，具有历史早、时代长、分布广、质量高、影响深远的独特优势。在全国，真正砖石结构、既雄伟又坚固、具典型意义的长城只有1000多千米，而其中只有200多千米在北京市，绝大多数分布在河北省境内的秦皇岛、唐山、承德、张家口等市。秦皇岛长城全长共245千米，自山海关的老龙头北行，横贯秦皇岛市北部山区，在青龙县出境。由老龙头、山海关、角山长城等组成的山海关长城，有26千米是长城主线，走势险峻，气势磅礴。承德长城主要是金山岭长城，它建筑在雾灵山和卧虎岭之间的大小金山岭山上，全长20余千米，最突出的特点是：登高远眺、视野开阔、气势雄伟、敌楼密集、建造艺术精美，堪称我国万里长城的精粹。比起名闻中外的八达岭，有过之而无不及，是我国万里长城的精华地段。唐山境内拥有总长度为220千米的古长城，由于年久失修和人为破坏，毁坏比较严重，如果加以保护性建设，将拥有独特的吸引力。张家口长城东由延庆县的白河堡进入赤城，途经张家口大境门，西至怀安县马市口，入山西境内，全长450千米，并在沿线设关口，张家口就是重要关口之一。张家口大境门，以其长城关口而闻名。同时，长城沿线景观众多，气候适宜，民俗乡情独特，成为吸引广大爱好徒步登长城旅游者的理想去处。革命遗址和革命纪念建筑有平山县西柏坡中共中央旧址（国家级保护单位）、乐亭县李大钊故居（国家级保护单位）、石家庄市吴禄贞墓、高阳县布里村留法勤工俭学工艺学校旧址、河间县白求恩手术室旧址、藁城县梅花村惨案遗址、丰润县潘家峪惨案遗址、涉县八路军一二九师司令部和政治部旧址、唐县晋察冀边区烈士陵园、清苑县冉庄地道战遗址（国保单位）、涉县晋冀鲁豫抗日殉国烈士公墓旧址、易县狼牙山五勇士跳崖处和纪念塔、张家口市晋察冀军区司令部旧址、涉县晋冀鲁豫军区西达兵工厂旧址、武安县晋冀鲁豫军区旧址、阜平县晋察冀军区司令部旧址、邯郸市左权墓、石家庄市白求恩墓和柯棣华墓、隆化县董存瑞烈士陵园等，共二十处，分别是全国和河北省爱国主义教育基地。

三、区位优势

河北是渤海之滨的京畿大省，处于环渤海区域。环渤海，中国北方的黄金海岸，5800多千米的海岸线构成一个C字形的海湾，有人形容它像“金弓弦”“金项链”“金三角”，有人说它是“聚宝盆”。河北省487km的海岸线正处于“金弓弦”“金项链”的中心位置，“聚宝盆”的盆地，在环渤海经济圈中具有重要的区位优势。河北省外环渤海，同时内环京津。河北省中间嵌有北京、天津两个直辖市，成为京津两市与全国各地相联系的必经之地。河北省位于环京津、环渤海体系中，是缓解京津旅游压力的主要地区。承德（张家口）、秦皇岛（唐山）、保定（沧州、廊坊）两个地区与北京、天津相邻，呈环形拱卫京津，因此对吸引京津地区人民和国内外群众来河北进行体育活动及体育旅游具有极大的可操作性。河北省所处的区位优势，使河北省交通十分便利。河北省是华东、华南、西南等区域连接“三北”（东北、华北、西北）的枢纽地带和商品流通的中转站，也是“三北”地区的重要出海通道，又是连接首都与全国各地的交通枢纽。河北省已初步形成了陆海空综合交通运输网。河北省境内有京广、京护、京九、京秦、大秦、京张、京承等多条国家铁路干线通过，连同地方铁路延展长度，居全国第二位。因为河北的地理位置特殊，它把首都北京整个包围在境内，从北京开出的列车都经过河北境内。石家庄火车站更是华北平原的铁路枢纽，每到旅游季节从北京到河北承德、秦皇岛、北戴河、野三坡等知名风景区都开通有旅游专列，为出门游玩的人们提供了很大的便利。河北省公路更是发达。全省已形成了以国家、省级公路干线为主干，县乡公路为经络，四通八达的公路交通运输网。到1998年，公路通车里程5.7万千米，所有级别公路55万千米，高速公路607千米，次级公路达4.1万千米，居全国首位。境内高速公路主要有四条，分别是京沪、京石、京沈以及以石家庄为中心，西到太原、东到黄骅的石太——黄骅高速公路。国道有十余条，分别可到东北各地、内蒙古、山东、山西、河南等地。河北省东濒渤海，海运条件十分便利。目前已拥有秦皇岛港、黄骅港、京津港、秦皇岛新港等四个港口。

其中秦皇岛是中国大陆沿海港口第二大港，是华北地区的不冻良港。全省拥有 81 条沿海运输航线，64 条国际航线，与日本、韩国、俄罗斯、东南亚等 51 个国家的 65 个港口通航。河北省民航事业方兴未艾，石家庄、秦皇岛、邢台都有机场。装备设施现代化的石家庄大型民航机场，是我国省会干线机场，是首都机场的备降机场和分流机场。目前，石家庄机场已开辟了 40 多条国际、国内航线，通达广州、上海、深圳、大连、香港等国内 27 个大中城市以及莫斯科、阿拉木图等国外城市和地区，与京深、石太高速公路，京广、京九铁路等骨干交通设施紧密衔接，构成迅速便捷的立体交通网络。还开有北京——承德、北京——秦皇岛的季节性旅游航线。秦皇岛山海关机场有 15 条航线，通达北京、上海、广州等十几个大中城市。这些便利的交通资源为河北省大力发展自身特色的生态休闲健身文化，发展群众体育和地方经济奠定了良好的基础。据公开的数据资料显示，城镇居民休闲度假以距离居住地 50 千米以内为宜，交通时间以 1.5 小时左右为宜。而环京津体育健身休闲圈正处于这个时空范围内，因此也更容易使京津居民做出出游决定，并以其短途、短时、低价的特点满足京津客户的需求，成为京津居民周期性调节生活方式的重要选择之一。河北省 8 个市毗邻京津，具有得天独厚的区位优势。随着京津冀都市圈的兴起与环渤海经济圈的形成，河北 8 个地级市面临前所未有的发展机遇。所以说，以北京、天津为核心城市，充分地利用两地的优势资源，打造体育名城，快速提升群众体育、健身休闲两大本体产业，对于河北省体育事业的发展和地区经济的发展都有着十分重要的推动作用。“京津冀都市圈”的打造是促进河北体育产业得以迅速发展的重要方式之一，这对于地区经济发展水平的提高也有着十分重要的促进作用。同时，随着世界经济一体化进程的加快，我国“都市圈”发展趋势日益强化。北京都市圈、南京都市圈、武汉都市圈等也相继“亮相”，为区域经济的协调发展创造了新的动力。而从世界范围来看，体育事业的发展与地区经济的发展往往是成正比关系的，也就是说，一个地区的体育事业越发达，地区的经济发展水平也不会低；同样，一个地区的经济很繁荣，那么这个地区的体育事业也会发展得很好。如美国、日本以及西欧，他们是经济最为发达的地区，同时体育事业也发展得不错。而我国体育产业发展较为发达的地区，也是经济发展最快、最好的长三角、珠三角等沿海地区。所以说，经济发达与否从根本上决定了整个社会对体育的投入，而由经济发展所带来的体育需求和体育消费的增加，又是体育产业部门生存和发展的基础。因而发展体育产业，在一定的政治制度的保障下，最为关键的经济决定因素是体育投资和体育消费。所以，在河北省范围内打造一个京津冀都市圈，促进其实现更好的发展是需要相关工作人员共同努力的方向和目标。北京和天津就是京津冀都市圈中的双核心城市。之所以这样说，是因为北京和天津在空间上临近，在经济上相互影响。从体育产业这方面来看，北京和天津都有着自身的优势。对于北京来说，其优势主要体现在赛事高端，相关传媒及创意策划等方面；而对于天津而言，其优势主要是国际体育商务与会展产业、滨海运动休闲产业；河北的优势则是生态运动休闲健身和旅游产业。因此，环京津体育健身休闲圈形成以北京为中心、天津为副中心、河北为腹地的发展定位，逐渐形成错位化发展、差异化协同的局面。京津作为地区中心和次中心城市，具有很多优势，比如本体产业发达、市场发育成熟、体育人才丰富、场馆设施先进、政策体制健全等等。这些优势的存在不仅能够使北京、天津两地占据着主导地位，而且能够很好地带动河北体育产业的积极发展和进步，具有一定的辐射带动作用。而为了确保整个京津冀地区的体育产业能够实现更加协调地发展，在京津冀的带动作用下，河北地区自身也要付出一定的努力。所以说，河北省在体育产业聚集区建设过程中，需要从以下两方面着手：即一方面既要考虑到本省居民的消费需求，又要充分地考虑到京津两地居民的消费需求；另一方面，河北地区既要考虑到地方的优势产业，也要考虑到与京津体育产业的互补性。做好对接京津大文章，用足用好京津这个巨大客源市场，这不仅是“环京津体育健身休闲圈”建设的出发点和落脚点，也直接关系到河北体育尤其是河北体育产业能否实现更好发展的关键所在。北京、天津作为中心城市，近年来两市的居民消费水平得到大幅的提高，体育产业呈现飞跃式的发展趋势。以北京为例，2010 年至 2016 年 5 年间体育产业总收入、增加值、从业人数有了不同程度的增加，即体育产业总收入增加 114%、增加值增加 87.4%、从业人数增加 25%，可见两市居民体育消费增长势头是十分强劲的。同时，京津地区人口密度高、资金流动高等特点必然导致京津地区体育消费价格过高。这样一来，出于转移、发展中低端体育产业项目和享受质优价廉体育服务或产品的需要，京津体育产业实体和京津地区广大群众，将会对河北体育市场产生一定的趋向性。所以，充分利用“京津走廊”这一独特的区位优势，紧盯京津体育休闲消费，在固安、霸州、三河、大厂等县市，培育一批产品质量过硬、营销渠道完善、市场竞争力强的体育用品制造企业。在它们当中，打造具有自主知识产权的品牌，开展技术、产品和营销手段创新，大力发展体育用品产业，对于京津冀体育产业的发展和河北地区辐射作用的增加是十分有效的。基于此，河北省各个地区积极争取举办国际国内各类大型比赛，引进知名度高的商业赛事，开发中国传统项目和民族传统体育赛事，发展有潜力的新项目，完善和提升现有体育设施的功能，推进体育健身服务业快速发展；并充分地依托奥林匹克体育中心，打造体育健身和休闲聚集区，建设一批重点项目。与此同时，大力发展体育赛事转播、体育广告、体育培训和体育用品制造、体育旅游等相关产业。积极培育体育市场，全力打造体育健身服务业。这样一来，吸引更多的北京、天津的游客参与到河北省的体育事业这一过程，无疑是一个推动河北省体育事业和经济发展的捷径，真正地实现了“走出去，请进来”。而对于河北省的省会石家庄来说，就更需要充分地利用北京、天津的资源优势，把握自身的资源，做好石家庄市体育园区的打造工作，推进“环京津健身休闲圈”建设步伐。力争更快更好地落实体育事业的发展工作，确保无极山冰雪体育运动中心、蟠龙湖水上休闲活动中心、国家体育用品质量监督检验中心三个项目能切实地为石家庄体育事业的发展和经济的进步贡献力量，并逐渐形成体育休闲业的相关科研、用品制造、展览、销售等完整的产业链，吸引京津等周边城市人群消费，提升石家庄的形象和特色品牌，从而实现以项目带动产业发展、集中建设提升产业竞争力的目的。

第二节 河北省发展区域经济与群众体育协调发展的策略

由前章分析可得，在河北省，区域经济发展水平与群众体育的发展水平并不完全协调统一，协调程度较弱，处于微协调的地位。从综合评价的评分来看，河北省的综合评分小于协调值，群众体育发展水平落后于经济发展水平，应该大力加强群众体育的发展力度。那么面对这种群众体育发展水平和区域经济不协调的现象，我们应该从哪方面入手，采取什么样的措施去发展群众体育，使群众体育和经济协调发展，这是我们应该研究的问题。群众体育作为一种社会性活动，已经超越了纯粹的经济范畴，成为一种社会文化的价值和导向，能引到人们形成积极健康的生活观念，提高生活和工作质量。同时群众体育的发展有赖于社会文化事业的支持，有赖于社会文化的提高。社会文化素质的提高，是群众体育发展提高的前提。群众体育的发展，体育产业的开发，体育服务的提供，需要人们经济文化生活水平提高，需要人们高品位的文化需求。提高群众体育和体育产业的经营管理和服务水平，同样离不开社会人才培育的支持，需要文化的各个领域为群众体育、体育产业的发展提供必需的知识和理论指导。随着河北省经济的发展、人们闲暇时间的增多和物质生活水平的提高，人们在生存需要得到满足后，开始追求享受生活、自我发展等更高层次的需要。这是社会发展的必然，也是满足人的健康积极的精神活动不可或缺的重要活动。因为只有人们既有物质生活的富裕，又有精神生活的充实和身心的健康，才能享受到生活的幸福美满。群众体育运动是一种健身活动，也是一种积极健康的精神生活。它将人的视野延伸到更为广阔的社会区域和大自然空间，对丰富人们物质文化生活、提高身心健康和满足人们的精神需求有重要意义。群众体育是一个涉及社会、经济、文化等各方面的问题。

一、社会方面

（一）政府政策的支持

体育政策是体育产业管理的一种重要方式，一个国家或地区群众体育和体育产业的发展有赖于科学的体育政策。当前，人们对体育政策的认识还存在分歧，但是，归纳起来不难发现其共同点：体育政策的概念既要符合一般性的产业政策的概念，又要体现特殊的政策目的、政策主体、政策依据和政策手段。根据这一基本原则和本研究目的，体育政策是国家为实现一定历史时期的体育路线而制定的行动准则，是国家干预体育发展的一种经济政策，也是国家宏观领导、调控、优化、监督群众体育和体育产业发展及运行的重要依据和手段。河北体育政策的主要特点首先是起步晚但发展快。回顾河北体育政策发展的进程发现，相比全国及一些其他省份，河北地方体育产业政策出现得较晚（1991 年），很长一个时期在跟从全国。但是，出现之后发展却很快，并且从立法的角度予以了确认（如 1996 年河北省政府颁布了《河北省体育经营活动管理办法》），行政手段、法律和经济手段双管齐下，极大地促进和保障了河北体育的发展。1993 年初，河北省体委发布了《关于深化体育改革的思路》。其中设立了“体育产业改革”的专节，进而出台了《关于加快发展体育产业的意见》，该意见指出：“体育作为第三产业的一个新兴行业，已开始起步并有较快的发展。但总的看，体育产业本身发展不够，河北省更落后于其他先进的兄弟省市，不能适应人民群众对体育日益增长的需求。”提出了河北体育产业发展的指导原则、目标和重点。

河北省体育产业发展政策具有多种表现形式。首先国家总体政策，如 2000 年 7 月经国务院批准，国家计委、国家经贸委发布了《当前国家重点鼓励发展的产业、产品和技术目录（2000 年修订）》，将服务业中的大众体育设施建设列为当前国家重点鼓励发展的产业。2002 年《中共中央国务院关于进一步加强和改进新时期体育工作的意见》指出：加快体育产业的发展是建立社会主义市场经济体制的需要，符合我国经济结构战略性调整的要求，对于扩大内需、拉动经济增长，实现现代化建设发展目标，有着明显的推动作用。其次是行政机关的决策，如 1986 年国家体委发布了《关于体育体制改革的决定》，明确提出了“体育场馆等要实行多种经营，由行政管理型向经营管理型过渡”。1994 年，《河北省体育事业“九五”计划和2010 年长远规划纲要》出台，特别将大力发展体育产业作为实现纲要任务的重要措施之一。1996 年，河北省政府颁布了《河北省体育经营活动管理办法》，进一步为河北体育产业发展起到了重要的保障作用。1998 年，邯郸市人民政府根据《河北省体育经营活动管理办法》和国家有关规定，结合该市实际，发布了《邯郸市体育经营活动管理办法》。其他地市根据实际情况，也出台了一些政策文件：1996 年，沧州研究制定了《沧州市武术馆、校、社管理办法》《沧州市体育市场管理办法》，成立了市场管理办公室，健全了组织机构，使管理体制和制度更加完善。这一时期体育产业政策着力点从体委系统经营创收转为推动体育事业向产业化方向发展。河北省针对体育产业专门性政策的出台标志着体育产业政策逐渐从一般性的体育政策和经济政策中独立出来，成为一种独立的政策形式。为了在新时期使河北体育产业有较大突破，1999 年，河北省体育局制定了《河北省体育产业2000—2005 年发展规划》。2000 年 10 月，河北省政府出台了《河北省第三产业结构调整意见》，其中将体育产业列为第三产业结构调整的重点之一。2003 年 8 月，河北省委、省政府下发了《关于进一步加强和改进新时期体育工作的意见》，明确提出加快推进体育产业多元化，鼓励多形式、多渠道开拓体育市场，兴办体育产业的具体目标，目的在于使体育产业发展进入全国先进行列。2004 年 6 月，河北省政府印发了《河北省服务业振兴计划》，该计划进一步明确了体育属于鼓励发展类范畴。由此，这些鼓励性政策将河北省体育产业的发展引入了快车道。最后是立法形式，主要突出了地方立法。如 1996 年河北省政府颁布了《河北省体育经营活动管理办法》，进一步为河北省体育产业的发展起到了重要的保障作用。这一时期体育产业政策的发展主要突出了两个方面：一是制定了河北省体育产业发展的整体规划性政策，如《河北省体育产业 2000—2005 年发展规划》，这个规划细化到了规划期内每一年河北体育产业的发展目标，如在 2000年和 2001 年内是健全法制体系，进行产业结构调整；这一阶段争取将《河北体育经营活动管理办法》由政府规章上升为地方性法规，出台了《河北省游泳管理办法》；参照国家的规定，制定了《河北省体育竞赛管理办法》《体育经纪人管理办法》实施细则、《保龄球馆等级评定标准》和《体育产业指标统计体系》等，逐步完成各项法规、规章的配套政策，进而增加体育市场管理的可操作性。二是明确了体育产业在整个河北第三产业结构中的重要地位。经过多年来的努力，河北省体育事业取得了长足发展。《河北省全民健身计划（2011—2015 年）》得到全面落实，全省公共体育服务体系进一步完善；竞技体育综合实力稳步提升，河北省运动员获得世界冠军 42 个、全国冠军 43 个；体育产业政策不断健全，体育产业规模逐步扩大；体育场地建设强力推进，体育基础设施得到持续改善；体育改革不断深化，省委深改办和省政府审议通过了《河北省足球改革发展实施意见》，足球体制机制、政策措施和改革发展进入全新阶段。北京成功获得了 2022 年冬奥会举办权，极大地鼓舞了全省人民的士气，也为推动河北冬季运动乃至体育各项事业发展提供了重要契机。

《河北省体育发展“十三五”规划》是最近公布的河北省体育发展的指导性意见，针对体育发展的新情况、新问题，系统谋划“十三五”时期的体育工作，通过深化体育领域改革，破除思想观念和体制机制障碍，进一步明确振兴河北体育、建设体育强省的时间表和路线图，为推动河北体育又好又快地发展指明方向，奠定基础。其中重点表现在以下几个方面：

1. 牢固树立和贯彻落实五大发展理念

紧密联系河北省体育发展实际，坚持把创新、协调、绿色、开放、共享五大发展理念作为“十三五”时期河北体育发展的基本理念，作为编制规划的根本遵循，在指导思想、目标指标、主要任务、政策措施等方面予以体现，以发展理念的创新引领体育发展方式转变，促进体育发展质量效益提升。

2. 更加突出体育发展的功能作用

我们注重突出体育在经济社会发展中的地位和作用，聚焦河北省体育改革发展的重大任务，同时打破体育部门一家办体育的传统思维，坚持开门、开放办体育新思路，尽可能地使体育发展与城镇化、“健康河北”、教育、旅游、信息化、城乡建设等协调发展、融合发展，力求能够整合政府各部门资源，推动政府、市场、社会齐参与，实现体育发展效益最大化。

3. 全面落实国家重大战略和重要决策部署

以举办冬奥会为契机，在《规划》中第一次提出“打造冰雪运动大省”

的中长期预期目标，制定了竞技冰雪项目、冰雪运动普及、冰雪产业等“十三五”发展的约束性指标，力争将冰雪运动打造成为河北体育第一品牌。同时还对全民健身和健康中国、京津冀协同发展、加快发展体育产业、足球改革发展等重点任务进行了部署。

4. 注重深化体育管理体制机制改革

“十三五”规划充分体现了深化改革的指导精神。在《规划》中，我们充分考虑了国家体育发展态势和深化改革趋势，遵循当前我国体育改革的主攻方向，抓住简政放权和调动社会力量参与体育这两大重点，突出问题导向，把推动足球改革发展作为体育改革的突破口和重要抓手，力争在创新完善竞技体育举省体制，社会力量进入体育领域，全民健身组织与服务模式，体育场馆运营，体育单项协会改革等方面取得实质性进展。这一政策的出台为解决制约体育事业发展的薄弱环节和问题，健全体育与经济社会协调发展的机制，为实现建设体育强省的目标奠定了政策上的基础。

（二）深化体育制度改革

为了促进地区经济与群众体育协调发展，就需要政府将群众体育发展的质量和群众体育发展的结构这两个方面作为根本的出发点和落脚点。地区政府一方面要积极响应中央号召，推出“全民健身计划”和“阳光体育”等一系列口号，使人民体质与经济发展水平相适应；另一方面要加强体育建设，使得场馆人均占有量和使用效率得到有效的提高，也就是说让更多的群众参与到各种体育活动中来。另外，还要不断深化体育制度的改革和创新，使其能够不断地适应现代社会提出的新的压力和挑战。

1. 积极推动京津冀体育协同发展，重点突破

顺应京津冀协同发展的大趋势，一是推动建设京津冀体育健身圈。充分利用三地丰富优质的自然资源和体育场馆资源，在京津冀地区打造一批规模大、影响力强的体育休闲基地或生态体育公园。二是联合构建国际顶级赛事聚集区。与京津共同谋划、承接和举办国际顶级赛事，建立高端赛事承办的联动合作机制，着力打造与京津冀国家战略定位和城市形象相匹配的品牌赛事。三是协力打造京津冀体育产业带。优化区域体育产业结构，联合申建国家级产业示范项目，加强三地体育产业联动发展，培育具有全国影响力的京津冀体育产业集聚区。四是合力推进体育人才培养与交流合

作。统筹体育优质人力资源，建立京津冀体育人才库，广泛开展区域内人才联合研修和培训交流，为体育协同发展提供人才支撑。

2. 以举办冬奥会为契机推动冰雪运动加快发展

一是积极推进冰雪基础设施建设。加快推动实施与国家体育总局共建崇礼国家级雪上训练基地项目，支持承德建设国家级和省级滑冰训练基地，推动各市建设不少于1830平方米冰面的公共滑冰馆，有条件的县（市、区）建设公共滑冰场，并引导社会资金投资建设冰雪场馆。二是发展壮大专业运动队伍。围绕河北省具有相对人才优势的武术、体操、跳水、杂技等，重点发展空中技巧类项目，加快组建和发展冰雪运动集训队伍。特别是以共建国家雪上训练基地为依托，争取合作共建国家冰雪运动专业队伍，以充分利用国家队在教练资源、训练管理、科研医疗、服务团队等方面的优势，快速提升河北省冰雪运动的竞技实力和水平，确保2020年第十四届全国冬运会夺取金牌。三是加快普及发展冰雪运动。以举办冬奥会为契机，科学制订群众冰雪运动推广普及实施计划，通过为群众提供更多的冰雪设施、更丰富的冰雪活动和更好的冰雪运动指导，充分调动全社会参与冰雪运动的积极性，打造冰雪运动大省，到2022年力争参加冰雪运动的人次达到3000万以上。四是大力发展冰雪运动产业。支持各地打造一批与冰雪运动相关的企业和品牌赛事。支持张家口打造冰雪产业聚集区，建设京张体育文化旅游带。支持崇礼创建国家级体育产业基地，支持建设京承体育文化旅游带。

3. 全力提高竞技体育水平

不断完善竞技体育举省体制，深入实施精兵战略计划。一是狠抓重大赛事备战参赛工作。围绕奥运会、亚运会、全运会等重大赛事，完善综合协调、组织保障等备战机制，学习、引进、消化、吸收国内外先进的训练管理理念和方法，统筹组织开展好系统性、适应性、科学性的精细化实战训练，努力推动优势项目保持领先，潜优势项目实现突破，基础项目和一般项目尽快提高。二是创新竞技体育发展方式。深入研究竞技体育发展规律，实施训练、科研、医疗、教育、管理“五位一体”的科学训练新模式，组建“复合型训练管理团队”。加快探索社会力量参与竞技体育的新途径，积极推进省市、省企、省校联办运动队，促进河北竞技体育多出人才、快出成绩。坚持“请进来、走出去”发展战略，积极联系聘请国际高水平教练员和训练专家到河北省执教，同时加强与国外训练基地的合作，有针对性地开展专项训练及比赛交流。三是加强竞技体育后备人才培养。积极创建国家和省级高水平后备人才基地，制定业余训练考核评价体系，提高业余训练水平。加大各级体校与体育传统项目学校的建设力度，建立体教结合机制，推进学校体育开展。围绕一线运动队的实际需求，建立科学公正的后备人才选拔机制，拓宽后备人才选拔渠道。

4.推动全省体育产业规模发展

围绕这一目标落实，一是积极打造体育主导产业。加快发展体育运动休闲、体育竞赛表演、体育运动装备等产业；实施品牌赛事培育工程，延伸产业链条，发展赛事经济。二是积极发展“体育+”产业。大力推动体育与文化、教育、旅游、健康、养老等相关产业融合发展，带动体育会展、体育广告、体育出版和体育影视等相关业态的发展。三是积极优化体育产业结构布局。依托各地产业优势，着力打造“三带两区”，即打造环京津体育产业带、太行山——燕山体育产业带、沿渤海体育产业带，冀中体育装备制造业集聚区、冀中南特色体育文化集聚区。四是积极培育多元化市场主体。与全国优质产业交易所合作，打造体育产业资源交易平台，促进全省体育产业资源规范、高效流转和优化配置、整合；组建河北体育产业集团，发展体育产业龙头企业；支持社会力量兴办体育中介组织，大力发展各类体育产业协会，鼓励建立各类体育产业孵化平台，积极争取设立“河北省体育产业引导股权投资基金”，扶持培育一批拥有自主品牌、比较优势、竞争实力的体育骨干企业。

5.推动全民健身服务迈上新台阶

深入实施全民健身国家战略，加快推动群众体育发展。一是不断完善基本公共服务体系。探索推进水平较高、惠及全民的公共体育服务示范区建设，制定结构合理、内容明确、符合实际的基本公共体育服务标准体系，逐步推动基本公共体育服务在地域、城乡和人群间的均等化。以落实《河北省全民健身实施计划（2016-2020年）》为抓手，创新全民健身组织方式、服务模式和活动开展形式，提供更高质量的体育健身产品。二是加强公共体育场地建设和管理。鼓励通过政府购买服务，实施政府和社会资本合作

（PPP）模式建设体育设施，推行体育场馆设计、建设、运营管理一体化模式，推进体育场地建设。加快建成河北奥林匹克体育中心、崇礼滑雪训练基地、秦皇岛训练基地、射击训练基地、足球训练基地。逐步推进县（市、区）、乡镇（社区）、村（街道）三级群众健身场地设施网络建设，建成“15分钟健身圈”，提高城市街道、乡镇、行政村室外健身设施覆盖率。三是加强社会体育指导员队伍建设。不断拓宽体育指导员的发展渠道，扩大社会体育指导员的规模，加强社会体育指导员注册工作，充分发挥其健身指导和健身服务作用，进一步提高体育惠民水平。四是实现国民体质监测常态化服务。采取省市结合、以政府购买服务方式推动落实，使以往的国民体质定期监测，逐步转变为常态化监测服务。

二、经济方面

（一）政府经费支持

我国地区发展很不平衡，所以，在落实相关的政策规范时要充分地认识和关注到各个不平衡点。一方面，要看到一些大城市里相当数量的家庭有足够的经济能力支付体育产品；另一方面，要看到在一些贫困地区和城市低收入阶层，体育消费对于大多数人来说仍是一种奢侈。“贫困农村无体育、流动人口无体育”的现象仍较普遍，这与我国政府对群众体育投资严重不足有一定关系。人类社会发展所追求的两个终极目标是效率和公平，这两者之间既相互矛盾又相互统一。一直以来，我国奉行的都是“效率优先、兼顾公平”的发展原则，自进入21世纪以来，国内的许多学者都注意到：我国经济在快速发展的同时，社会间的贫富差距也逐渐拉大了。他们指出，我国的社会发展政策应该由“效率优先”调整为“公平优先”。“公平优先”主要依靠政府这只有形之手，尤其是在处理公共事业领域问题时，其发挥的作用就更大。群众体育属于公共事业领域的问题之一，为此，当处理群众体育事业中的公平性问题时，政府应当有所作为。经济欠发达县区的地方财政力量微薄，难以向体育事业划拨更多的资金和资源。但省级和部分市级地方的财政较为充裕，省、市两级体育行政部门应该遵循“公平优先、协调发展”的原则，将政府所拥有的体育资源如经费、器材等，优先配置到那些经济欠发达的县区，尽量缩小区域间的差距。因此，在政府经费支持方面，我们要注重做好以下工作。

1.加大对体育事业的财政支持力度

继续推动全民健身经费纳入各级财政预算，逐年增加对体育事业的资金投入。创新支持的思路和方法，重点加大对业余训练、全民健身运动、体育基础设施建设、后备人才培养等倾斜力度。设立河北省体育产业发展引导资金，根据《河北省体育产业专项引导资金管理办法》及配套措施，促进体育产业提档升级。做好相关经费的预算和管理工作，真正地做到专款专用，把群众体育事业经费与群众体育基本建设经费单独列出来，使得不同的经费分属于不同的用途，不同的经费能够真正花费在特定的项目上。在经费使用的针对性得到有效提高的基础上，使得地方的体育事业实现更好的发展。如安徽省设立体育设施建设奖励补助经费，是省体育局为支持全省体育设施建设，从省级体育彩票公益金中提取一定比例，建立专项资金，实行“以奖代补”的办法，奖励和补助市、县（市、区）体育设施建设。用于营建室内全民健身中心、体育馆、体育场、游泳馆等，并且规定市级建设面积不少于8000平方米，室内场地面积不小于4000平方米，有12个以上体育健身或运动训练项目（篮球、羽毛球、乒乓球、器械健身等为必备项目）。县级建设面积不少于4000平方米，室内场地面积不小于2000平方米，有7个以上体育健身或运动训练项目（篮球、羽毛球、乒乓球、器械健身等为必备项目），固定看台不少于2000座和配套辅助用房，400米标准塑胶跑道（8道），天然或人工草皮足球场，预留或建有的固定看台不少于5000座，并且严格规定体育设施建设补助经费必须专款专用，不得截留、挤占和挪用。对虚报补助项目经费、挪用专项资金、擅自变更补助项目内容等行为，省体育局将给予处罚，暂停核批新的补助项目，收回补助经费，情节严重的将追究有关人员的责任。政府应建立长期体育专项经费投入与使用制度，把体育工作经费列入政府年度财政预算。在资金投入上可借鉴其他专项经费的投入政策；同时出台相关政策支持和鼓励民间资本投入社区体育建设，根据需要给予一定的财政补贴，在用地、用电、用水、贷款和税收等方面倾斜，提高政策吸引力，建立多元化的融资渠道，以调动社会力量和民间资本参与社区体育建设的积极性，形成驻地企事业单位支持、个人赞助、社区体育建设活动的受益者或参与者出资的模式。

加大对体育事业的资金投入力度，不断完善体育事业经费管理体制，为群众体育工作开展提供了资金保障。安排一定比例体育彩票公益金等财政资金，通过政府购买服务等多种方式，积极支持群众健身消费，鼓励公共体育设施免费或低收费开放，引导经营主体提供公益性群众体育健身服务。鼓励引导企事业单位、学校、个人购买运动伤害类保险。进一步研究鼓励群众健身消费。

2. 加强体育基础设施建设力度

在“十二五”期间，河北省的全民健身成效显著。河北省经常参加体育锻炼的人数有2000多万人，全省超过70%的社区、63%的行政村配建了体育健身设施。开展了大批群众体育活动，如保定的空竹艺术节、秦皇岛的轮滑比赛、廊坊的信鸽比赛等等。还有一些知名赛事，如衡水湖国际马拉松赛、京津冀体育舞蹈公开赛等，总数达130多项。2015年河北省在全民健身方面投入经费达1.6亿元，相对于2014年增加了8000万元。其中投入1100万元帮扶重点村安装了健身器材，投资1050万元在315个社区实施了体育示范工程。但是，河北省的全民健身还有一些不足之处。首先是人均体育场地面积偏小，只有1.4平方米，低于全国的1.46平方米的平均水平。距国家体育总局要求的在2020年达到人均1.8平方米的标准还有差距。健身设备的日常管理和维护不到位，也成为河北省全民健身发展的一处硬伤。此外，体育场馆、大量公立学校、企事业单位的场馆还没有完全实现免费或低收费向社会开放，成为河北省全民健身发展的一个瓶颈。在“十三五”开局之年，河北省全民健身工作将重点放在完善规划和科学健身两个方面。根据《河北省全民健身实施计划》，完善全民健身评价体系建设。加大培训社会体育指导员力度，让健身爱好者获得更科学有效的健身指导，让更多的人享受到免费或低收费的健身场所，是河北省体育局的近期目标。目前，河北省在建和扩建的有四大基地，分别是河北奥体中心、省体育局训练服务中心基地、秦皇岛夏训基地和崇礼高原训练基地。今年8月底，河北省体育馆综合体工程完工，田径（篮排）馆工程也即将开始，秦皇岛夏训基地于今年9月份开工建设，射击中心的建设项目已经着手可研报告和方案设计的前期工作。通过加大体育基础设施的建设，为河北省体育实现一个大的跨越和提升发挥积极的推动作用。同时，支持各县（市、区）加快标准体育场、馆和全民健身活动中心建设，推进承德、张家口、唐山、保定、衡水、邢台、邯郸等市体育中心和全民健身中心新建或改扩建工作，尽快改变体育基础设施薄弱状况。抓好“环京津体育健身休闲圈”等基地建设，积极推进各区市体育公园提档升级，加快以石家庄、廊坊市为重点的健身绿道建设，大幅提升城乡基层体育设施建设水平，目标是到2017年城市街道和乡镇实现健身设施全覆盖，人均体育场地设施面积达到1.5平方米。体育基础设施建设的加强，将进一步促进体育产业的发展，为奠定群众体育和区域经济的协调发展打下坚实的基础。

（二）社会资本的进入

目前来说，群众体育项目和体育产业的开发总体上还是国家投入，国家承担投资风险。尽管银行和社会资本有所增加，但是大部分风险还是集中在国家身上。虽然也能表现出良好的效应，但是不能适应群众体育和体育产业蓬勃发展的未来趋势。该状况将严重制约河北省群众体育和体育产业的快速发展和产业结构的调整。河北省目前经济还相对落后，基础体育设施还相对薄弱，使得河北省体育旅游产品和服务的开发，体育产业市场的拓展和扩张具有相当的技术风险、市场风险和经营管理风险。而且体育产业开发的每一步都需要高额的资金投入，如开发滑雪、极限运动、漂流等运动项目，仅仅在市场调研、交通食宿、器材设施、人员培训、安全保障等方面的前期投入对资金的需求都将是巨大的。如果没有足够的资金和专业化的高效管理，要完成这样一个高投入的过程是有难度的。在体育产业的开发中，需要大量的资本作为支撑，而政府对于体育产业的资本投入有限，大量的资金需要以市场方式取得，因而要充分利用现代资本市场的筹资功能，拓宽融资渠道，为河北省群众体育及体育产业的发展提供资金保障。其中的方式有通过体育企业或相关业务企业上市发行股票、发行债券募集资金；通过项目融资，推出富有特色和开发潜力且投资回报率高的体育产业开发项目，吸引国内外投资者对河北省体育产业的投入。其中主要的资金来源主要有以下几个方面：

1. 政府投资资本

由于资本引入体育产业还处于起步和培育阶段，社会对于体育产业风险投资的认识不足，很大程度还需要政府的扶持和引导，更需要体育产业投资和国家产业发展政策协调，以达到经济发展和体育事业的协调和融合发展。要促进“环京津体育健身休闲圈”的建设，达成这一战略构思，需要建立国家投入资金引导和政府扶持、社会资本参与的融资机制。因此以国有企业为代表政府方面的资本是河北省体育产业投资资金的重要来源。但是，政府的财政资金只宜作为体育产业开发中投资的种子资金或者启动资金，发挥政府在融资过程中的引导、示范、扶持作用，不宜成为资本投资的主体。否则容易造成市场运作效率不高，以及新的权力寻租和道德风险，削弱民间资本进入体育产业领域的积极性。而且政府投资的融资主要是靠国家单位或政府直接投入资本。虽然能起到投资的带头作用，但是这种模式也存在着内部利益和责任错位，如果在体育产业领域投资成功，其他社会资本将获得主要利益；如果投资失败，政府则承担主要后果和责任。因此政府资本作为体育产业投资的主体也只能是一种过渡形式，应该随着地区内体育产业的发展而逐渐减少。

2. 社会投资资本

我国民间资本数量巨大，2013 年，我国城乡居民的储蓄存款已经突破 104.8 万亿元，其中河北省的储蓄增长尤为迅速。截止 2015 年末，河北省各项存款余额 48927.59 亿元；比年初增加 5108.33 亿元，同比多增 720.31 亿元；同比增速 11.66%。在我国当前投资场所狭窄、投资工具短缺的情况下，形成了居民储蓄超常增长与投资微量释放的尖锐矛盾。同时，海外资本在我国加入世贸组织之后大量涌入国内资本市场，在东部沿海地区由于市场竞争激烈，投资较难获得超额利润的情况下，需要在国内中西部欠发达地区寻找新的投资渠道和场所。如韩国充分把握投资机遇，在我国西部大开发之时，将大量投资项目向中西部地区转移，在华总投资突破 1000 亿美元。因此河北省体育事业在新时代的发展浪潮中，要充分把握市场心态，利用自身的体育资源、区位优势、人文环境、政策环境等优势，通过改善投资环境吸引民间资本和海外资本的进入。在银行不断降低利息的市场环境下，随着政府对民间资本进入各个领域的开放，越来越多的民间资本被体育产业的投资回报率所吸引。2012 年，国家旅游局出台《关于鼓励引导民间资本投资旅游业的实施意见》，鼓励民间资本依法采取各种形式合理开发、可持续利用各类地质、森林、风景名胜、水面、文物、城市公园、科学教育、工农业、体育设施、湿地、海岛等资源及其他具备旅游利用价值的各种物质和非物质资源。其中尤其提出要支持民间资本加大对中西部地区、欠发达地区、少数民族地区和革命老区等区域特色资源的开发力度，鼓励民间资本因地制宜发展生态旅游、森林旅游、商务旅游、体育旅游等产品。同时积极支持民间资本生产具有自主知识产权的休闲、登山、滑雪、潜水、露营、探险、高尔夫等各类户外活动体育用品。最近于 2016 年 9 月河北省委办公厅出台的《关于进一步促进民间投资的实施意见》，更是鼓励和引导民间资本进入文化、旅游和体育。民间资本投资新建非营利性体育设施，按照土地划拨目录依法划拨。对民间资本投资新建的具有一定规模的体育设施，可给予一定的建设补助和运营补贴。体育场馆等健身场所的水电气热价格，按不高于一般工业标准执行。河北省体育事业的发展既要吸引区域外从事投资的大公司投入资金，也要鼓励和引导本地区有条件、经营管理规范的大企业设立专门的投资机构直接或间接参与体育产业的投资。群众体育及体育产业、体育旅作为新兴的朝阳产业，具有重大发展潜力，对于那些处于传统产业领域的大中型企业具有很大的诱惑力。国内著名的体育企业如中体产业、李宁公司、英派斯等及国内具有赞助企业传统的大企业，出于自身战略利益的考虑，投资体育产业、体育旅游等新型项目和市场，可以帮助企业填补其产品系列的不足，推动企业进入新的市场，实现公司的产品和服务结构的优化升级。如 2003 年底红塔足球俱乐部总经理在宣布红塔正式国内足球业的同时指出，红塔将在多年赞助国内大型体育赛事的基础上探索和尝试新的方式来支持体育事业，如哈巴雪山登山大会等。

3. 其他资本

除了政府资本、社会资本等资本的投资，我国还有其他资本基金寻找着投资的机会。如养老基金、保险基金等资金。养老基金包括社会保险基金和养老保险金。养老基金转化为投资资本，具有利用期限长、兑现要求低等特点，一直是发达国家风险投资资本市场的主要源泉。如美国养老基金的投入，10 年来一直保持占有风险资本市场的 50% 左右。随着我国人口老龄化和养老基金制度的健全，保险业的发展，社会保险市场拥有了大笔的资金。如 1996 年全国保险费的收入为 856 亿元，1997 年为 1080 亿元，

2002年超过了2000亿元，2014年增长到2.02万亿元，增长速度非常快。我们可以借鉴西方国家的做法，在相关法律和政策的支持下，争取吸引部分养老保险基金和社会保障基金投入到体育事业的发展中。

整体上，在体育事业发展中风险资本的引入，是一项全新的、具有开创性的投资融资事业，将为河北省群众体育及体育产业的发展提供一条全新的融资途径。它的成功运作将极大地推动河北省乃至整个京津冀地区体育事业的发展，并且为我国体育产业的融资工作提供借鉴和参照作用。但是风险投资和社会资本投资在我国尚处于起步发展阶段，除了做好融资运作本身外，还需要加强政府在政策、法制建设等领域的配合，尤其是加强出台和健全风险投资、信托、证券投资等方面的法律法规，省内配套出台相关法规进行规范。同时河北省也继续加强相关人才的配置和引进，促进融资投资观念的更新，加大体育资源的开发力度，为发展河北省体育投资业提供良好的环境支持和载体。

三、社会文化方面

人们对体育性质和功能的理解，对体育利用的方向和范围起着决定作用。很长一段时间，我们将竞技体育的功能仅限于荣誉，将群众体育局限于健身的功能，极大地阻碍了体育的社会功能，体育应用压缩在一个狭窄的范围内。首先群众体育的社会性和体育的本质相关。群众体育就其本质而言，就具有明显的社会性，这是由人的本质属性决定的。早在2500多年前，亚里士多德说："人是社会的动物。"马克思认为，"人的本质是一切社会关系的总和""人只有在社会中并通过社会来获得自己的发展"。人类有机体不仅是自然人、生物人，更是社会的人，社会性是人的本质特性。体育作为人类有目的、有意识的身体活动，其目的是促进人的全面发展，不仅包括人的身体、心理和社会健康，促进社会和谐和进步，在社会生活中的作用是不同的。它不仅可以作用于一个国家的国民体质，这直接促进社会生产的发展，对改善人的生活方式、培养人的道德品质、维持社会秩序的稳定起着积极有效的作用。自中国改革开放以来，中国社会发生了全面而深刻的变化，发展群众体育的观念必须由"政府本位"和"个人本位"向"社会本位"转变。很长一段时间，我国群众体育的发展是"政府本位"

观念，即“只有政府，也只能是政府才能管理好”。但是这种认识是无效的，应该着眼于人民群众的实际需求，从社会本位出发。垄断的特点是由政府主导资源和力量，社会和个人对政府本身只能是依附的。从公共体育服务的角度来看，政府长于提供体育服务的资源，如体育场馆、设施，但是却短于公共体育服务的核心内容——人民群众身边的体育活动。这就造成在“政府本位”观的指导下，我国群众体育的展开是围绕着资源性的硬件设施建设开展的，资源驱动型是其特点。我国实施的“农民体育健身工程”“全民健身路径工程”“雪炭工程”“全民健身活动中心”和其他各级政府的“实事工程”“惠民工程”，都是一种资源投入类型的群众体育活动。但是这种资源投入型之下也使得了体育健身设施的规模和数量显著增加。到2010年，我国有100万个的各类的体育场地，全民健身路径16万多条，23万余个农民体育健身工程，全民健身活动中心接近3500个，“雪炭工程”超过400个，体育公园、体育广场以及户外营地总共超过6000个。群众体育的“政府本位”以及“个人本位”认识存在很大的局限性，展现了无能的状态。自改革开放以来，单位制解体，单位人转换到社会人，更多人的自我意识、权利意识增强，在经济和社会发展的推动下，体育需求的个体差异越来越显著。但是，随着单位制的衰落，组织支撑正在消失，去组织化明显，群众体育的组织化被削弱，群众归于一盘散沙。一方面，人们抱怨政府提供的体育服务太少，过于单一，不能满足人们日益多元化的体育需求，而松散的民众状态又无法提供自我服务；另一方面，当政府面临一个个孤立的个体组成的海洋时，也无法满足这种多样性的需求。“政府本位”和“个人本位”，所以只有牺牲群众体育功能的多样性，专注于一个健身功能。就个体而言，这是因为，在许多个人运动需求中，健康是最大公约数；对于政府来说，通过健身培训合格的工人，降低医疗成本等，也是政府本位的需求。然后，健身成为个人实际需求和政府公共服务的结合点。然而，这样做的代价是让群众体育退出需要发挥其更多作用的社会领域，紧紧围绕着人的自然属性，路越走越窄。由于人与体育的本质属性是社会性，当群众体育偏离了这种属性时，很难实现我们的健身目标。二十多年来，中国的青少年体质水平持续下降，国民体质的健康问题不断出现，不仅说明了政府本位的局限性，也表明群众体育的力量基于“政府本位”“个人本位”无法满足我们期待的目标。群众体育发展的角度必须转向“社会本位”。社会本位是指社会在群众体育发展中处于一个中心位置，社会和政府、公众平等合作，优势互补，以治理而不是管理或控制运行群众体育。“社会本位”将“以人为本”作为群众体育的价值取向，自上而下的政府行政推动力与萌发于社会基层的向上生长的力量共同形成我国群众体育的新型发展模式。群众体育发展的社会本位观念是人的社会性和体育的社会性共同决定的，也是我们的社会现代化过程中体育发展的必然结果。随着生产力的发展，社会主义市场经济的建立，市场正在逐步成为资源配置的主导力量，在市场竞争中增强自我意识、平等意识和利益观念。要求政府在行政过程中，应该充分尊重人民群众作为国家主人与纳税人的双重角色，包括其人民民主政治权利和经济合法权益。政府和公众之间的关系模式要求对政府的价值取向从“政府本位”转向“社会本位”。在 20 世纪 80 年代中期之后，中国政府倡导全民健身活动，体育有助于改善人们的身体健康，培养人们勇敢顽强的性格，改善人际关系，建立健康的生活方式，创造一个文明、和谐的社会环境，这就反映了社会体育的发展，政府开始把国民利益放在一个重要的位置，强身观念向健身观念转变。恢复群众体育固有的社会属性，正确认识体育，使体育的各种社会功能得以发挥，使体育促进人的全面发展和社会和谐进步，也是发展群众体育和体育产业的前提条件。新时代发展群众体育的途径也必须基于体育的社会属性，即人民群众的体育需求。通过一系列具体的创新措施，确保群众体育发展的模式得到有效的创新，满足群众的需要，为群众体育发展寻求新的着陆点，促进区域经济与群众体育协调发展。我们既要注重开发传统体育文化资源丰富的优势，借助区域优势，针对性发展区域内有优势的体育产业，形成品牌效应和特色产业，实现差异化发展战略；同时也要注重与时俱进，利用现在日益发展的科技产业，加大信息技术投入力度，对新媒体技术充分利用，将现代科技融入体育产业的发展中，从而促进群众体育科学发展。

（一）开发优势资源，实现差异化发展

河北省传统体育有着悠久的历史、丰富的内容和浓郁的民族特点，它是在长期的生产、生活和社会实践中创造、积累、发展并形成的独特的燕赵体育文化。如何传承和保护传统体育文化，进一步推动地方经济和传统体育文化的发展，是新时代体育事业发展对我们的要求。作为中国优秀的非物质文化遗产的组成部分，河北传统体育具有鲜明的文化内涵与健身特性，非常适合群众体育的发扬，也有利于地方特色体育品牌的建立。河北传统体育文化具有悠久的历史，作为中华民族文化宝库的组成部分，至今依然绽放无穷魅力。以沧州武术、吴桥杂技、永年太极拳、正定常山战鼓等为代表的一批有着深厚中华民族文化基础的传统体育文化项目，具有鲜明的地域特色和巨大的经济开发价值，是河北进一步扩大对外开放、促进国际经济文化交流的重要依托。近代以来，吴桥艺人经过艰辛的努力与创新，将杂技这一街头杂耍演变为东方艺术明珠，并走出国门，在世界范围内进行了广泛的传播。永年广府镇是杨式和武式太极拳的发祥地，太极宗师杨露禅、武禹襄曾在故里收徒传艺，门徒满天下，影响海内外。常山战鼓以打击类乐器为主，边击乐边舞蹈，鼓手腾挪跳跃，鼓钹上下翻飞，造型丰富，技艺精湛，气势雄浑，舞姿优美。这些优秀的传统体育文化和其他有形文化相互依存，展示了燕赵文化丰厚的底蕴。传统体育特色鲜明的代表项目具有很高的健身和养心的功效，以及较高的欣赏价值。如常山战鼓是运动量适中的有氧运动，参与者通过上肢的击打动作和身体的腾挪跳跃，可以有效地提高上肢力量和身体的灵活性，以及身体的协调能力和心肺功能。沧州武术刚柔并济，永年太极拳身心合一，都有极高的健身价值，非常适合群众的参与和发展。遗憾的是，河北作为武术重要传承地之一，至今尚未对其所蕴藏的深厚传统武术资源进行系统开发。众多武术拳种挖掘不够，在武术继承方面出现了严重的断层现象。其中有很多原因，如传统武术自身的原因，如传承方式过于单一，以家族为基础，血缘为纽带；也有对传承的武术有敝帚自珍式的心态，提防出现“教会徒弟饿死师傅”“徒儿抢饭吃”等局面；还有武术术语的佶屈聱牙等，极大地限制了传统武术的发展。同时，还因西方休闲健身体育的涌入。受西方文化的影响，尤其是年轻人，开始逐渐地认同现代文化和现代生活方式，追求现代时尚，追求时代节奏，追求西方新鲜的感官文化，如空手道、跆拳道、健美操、瑜伽、各种舞蹈等。这些健身活动项目迎合了世人的生活需求和心理需要，简单易行，方便且富有乐趣，吸引了很大一部分人群。

在地域方面。我们前面说过，河北省拥有丰富的体育自然资源，可供发展群众体育，有利于河北省群众体育运动的蓬勃发展。近年来，张家口成为冬奥会举办城市，张家口冰雪旅游成为河北省内旅游的一大亮点，所以冰雪体育旅游有望成为河北省旅游业与体育产业的一个新的增长点。目前，张家口初步建立了崇礼塞北滑雪场、翠云山滑雪胜地、长城岭滑雪场、喜鹊梁滑雪胜地和围场滑雪胜地。2004 年仅塞北滑雪场就接待了 30 余万国内外游客。据统计，自 1997 年以来，崇礼区每个滑雪胜地接待国内游客超 500000 人次、外国游客超过 10000 人次。在 2005 年上半年，共接待游客 80000 人次，旅游创收 2000 万元。特别是在过去的几年里，几家特色滑雪场旅游创收已经达到了 1 亿元。如何整合这些资源，形成联动，进一步做大体育旅游产业，是河北省体育发展的重点之一。河北省环绕京津，这一区位优势也是其他省不具备的条件。最近的《河北省体育发展“十三五”规划》中重点指出：要以举办冬奥会为契机实施冰雪运动全面突破。大力发展冰雪运动产业，支持各地打造一批冰雪企业和品牌赛事。以实施京津冀体育协同发展重点突破，重点推动建设京津冀体育健身圈，在京津冀地区打造一批规模大、影响力强的体育休闲基地或生态体育公园；联合构建国际顶级赛事聚集区，与京津共同谋划、承接和举办国际顶级赛事，着力打造与京津冀国家战略定位和城市形象相匹配的品牌赛事。此外，还将重点打造京津冀体育产业带，并合力推动体育人才培养与交流合作。这一政策的出台，为河北省群众体育和经济指明了未来发展的方向。

所谓差异化发展战略，是指为使企业产品与对手产品有明显差别，形成与众不同的特点而形成的战略。实现差异化发展的途径有很多，如产品设计、品牌形象、技术特点、文化内涵等。区别于北京天津等大城市的现代城市体育资源，在河北体育资源的开发战略中采取差异化战略，正是为了在充分利用河北省丰富的自然环境资源的前提下，充分发挥河北省的体育文化优势，弘扬河北省的文化传统，树立河北省新形象，发扬优秀传统体育项目的精神，以达到更快更好地激发群众健身热情的目标。通过差异化发展战略，将河北传统武术作为“环京津健身休闲圈”的重点项目来开发、推广。从人文传统层面继承和发展河北传统武术，积极发掘河北传统武术所蕴含的“慷慨悲歌、任勇好侠、尚武爱国”等燕赵文化传统，将其与新时期“坚韧质朴、重信尚义、宽厚包容、求实创新”的河北人文精神建设有机结合，共同发展。加快河北传统武术非物质文化遗产的自身现代化转型，使其成为河北省乃至全国“阳光体育运动”的主流项目。在河北境内精选打造出高水平的传统武术赛事，形成一个具有鲜明地域文化特征的体育产业。河北省丰富的自然资源为体育发展奠定了基础，举办 2022 年冬奥会为体育发展带来了新机遇，京津冀协同发展为体育发展搭建了新平台，深厚的传统体育文化资源为体育发展带来了独特的优势。

《环京津休闲旅游产业带发展规划》《环首都绿色经济圈休闲度假基地总体规划》《沿海地区休闲度假基地总体规划》和其他规划编制的实施，在河北省内形成了初具规模集旅游和休闲度假于一身的产业结构。“两环两沿”（环首都与省会，沿渤海与太行山）旅游产业新格局正在稳步形成中。针对北京天津等都市健身体育，立足于自身优势资源，建立和发展多元化的群众体育产品，承德、张家口的具有当地民族特色的草原休闲健身项目，包括狩猎、射箭、赛马等。固安、霸州、赤城县、大厂则突出自身特点，以温泉为特色，辅以各种休闲健身项目，如，游泳、网球、高尔夫和其他体育运动项目。利用革命圣地开发红色旅游体育项目；利用西柏坡毛泽东故居、乐亭李大钊故居、狼牙山、冉庄、白洋淀等在中国革命史上的重要影响，举办“寻找革命先驱足迹”的活动；利用承德避暑山庄、清东陵、清西陵、金山岭长城、秦皇岛老龙头等历史文化资源开发健身休闲旅游活动；同时，利用河北省武术拳种资源与人力资源丰富，浓厚的武术文化氛围，结合传统武术内容丰富多样，且具有技法鲜明、文化内涵显著的特征，能够有效地满足群众的需要，还有其集健身、搏击于一体的鲜明特性，能够吸引更多的人去参悟和研习；同时传统武术还有实用、简单，练习形式也多种多样，有攻防动作的单势练习，也有完整的套路演练，有多人切磋实战，也有单独习练，而且不受场地、时间和气候条件的限制等优势。通过大力普及群众武术，开展武术学习班，建立武术文化节，挖掘整理传统武术资料，为打造品牌特色的体育强省奠定基础。目前传统武术已经发展得比较广泛。相关调查结果显示，杨氏太极拳在河北省的八个城市广泛开展，八极拳、八卦拳、形意拳、翻子拳和通背拳也受到不同地区人的青睐。这其中沧州武术群众基础最好，规模大小不等的武馆很多，在校学生练习武术的有十多万人。这更加证明了弘扬河北省传统体育文化的必要性和前瞻性。因此，要利用河北省的区域优势资源，从自身的资源禀赋出发，因地制宜地开展适宜的体育产业，通过差异化战略打造自身的独特形象，促进区域体育产业快速发展。

（二）优化产业结构

体育产业结构的优化也是促进河北省区域经济与群众体育协调发展的重要措施之一，而体育产业机构的优化需要相关工作人员从多方面着手。根据自身多年的实践经验和所掌握的专业知识和技能，就如何做好产业机构的优化升级工作，确保河北省区域经济与群众体育实现更好的发展，有下列几点建议和意见，主要有完善产业规划，创造良好群众体育发展环境，扩大和夯实群众体育基础，打造地方品牌四个方面。

1.完善产业规划

产业规划的完善是确保全省能够更好、更快地走上区域经济与群众体育协调发展道路的基础性条件，也是一项根本的条件。而为了更好地完善产业规划，就需要从以下两个基本点落实，一方面是加大扶持力度，将体育产业发展及“环京津体育健身休闲圈”建设纳入国民经济与社会发展规划中去，将体育产业的发展纳入各级政府工作报告中去，并将其切实地列入实际的工作议事日程中去；另一方面，在战略布局上，需要把体育产业作为国民经济发展新的增长点，不断提升体育产业对国民生产总值的贡献率，同时要将抓紧制定并完善促进体育产业发展的配套实施方案和具体政策措施作为近期的战略目标，并为了目标的实现不断地努力；此外，还要建立体育产业发展的专项扶持基金，将体育事业经费和基本建设资金列入本级财政预算和基本建设投资计划中。这样一来，能够使体育事业的发展工作得到政府的支持并且能够有一定的资金对其做根本的保证。

2.创造良好群众体育发展环境

良好的群众体育发展环境的创建是确保河北省区域经济与群众体育实现协调发展的保障性措施，也是一项必要的宏观条件。也就是说，只有有了健康、和谐、良好的工作环境才能确保各项工作的顺利进行，也才能确保群众体育与河北省区域经济发展工作的协调发展。所以，为了这一目标的更好实现，就需要相关部门及成员努力创造一个更好的环境，而为了创造这一更好的发展环境，需要相关工作人员从以下几方面着手：（1）鼓励多种形式投资职业运动队和职业俱乐部建设，适当地加大发展民营体育企业的力度，培育更多的实力雄厚的民营体育企业或混合经济的企业，更快更好地把民间资金转化为民间资本促进体育产业的飞速发展。同时，对于公共体育场馆服务、运动队训练和普及群众体育等活动的收入，也应该在税收方面享受优惠，这样一来能够切实地提高体育产业市场化程度，从而有效规避由于资本市场的一些因素造成的不必要的风险和损失。（2）提高体育产业市场化程度，从体制、环境、人才、管理等方面多措并举，形成合力。而为了这一目标的实现需要从以下四个基本点着手，①要切实把办体育产业的职能交给社会和市场。加快适合市场运作的体育领域的产业化进程，推进经营性体育事业单位向企业转制，支持各类体育经营实体建立行业性自律组织。②要适当地加快体育市场法制化建设。不断地完善和优化体育产业法律法规体系，做好体育市场主体行为的规范工作，维护市场秩序，以促进体育市场更加规范地发展。③要适当加强对体育管理人才的培养力度，可以通过开展体育产业培训等多种渠道来培养既懂经济又懂体育、还能够充分地掌握国际通行惯例的复合型体育产业管理人才。④要做好无形资产的开发和保护工作，在实际工作中要鼓励和支持各类体育组织、体育赛事组织依法开发其专有名称、标识等无形资产，依法保护体育无形资产所有者的合法权益，保障体育产业健康有序发展。（3）要做好体育产业结构的优化工作。体育产业结构优化工作的开展，需要相关工作人员以竞技体育和体育设施建设为根本的出发点和落脚点，建立起广泛涵盖体育设备器材的生产和销售、体育场馆设施的经营、体育健身休闲、体育竞赛表演、体育会展、体育彩票以及体育中介信息等领域的体育产业体系。并在此过程中也要协调好体系内各要素的发展速度和规模，使各个体系和要素之间能够相互作用，形成链条，以促进河北省区域经济和群众体育实现更好的发展和进步。

3. 扩大和夯实群众体育基础

群众体育基础的扩大和夯实需要相关工作人员以“三年大变样，推进城镇化”为根本的工作目标，并且要在此基础上构建更高、更好的目标，以确保高起点、高标准地规划建设体育基础设施目标的呈现和落实。为此，河北省政府相关的部门和工作人员可以将上海、重庆、广州、成都等城市的建设经验作为参考的依据和证据，由主管领导出面协调相关各部门，在公园、绿地、社区中增建群众健身场地，有条件的还可以建设简易运动场馆。而为了这一目标的实现，就需要政府相关部门改变之前以政府组织的大型表演为主的群众体育活动组织形式，遵循体育运动自身的规律，发挥体育竞赛对日常体育锻炼的牵动作用，通过广泛地开展和落实各种各样的基层小型竞赛活动来调动广大群众的健身热情和日常锻炼的积极性，持续不断地扩大和夯实群众体育基础，进而为河北省体育产业发展源源不断地增加动力。

4. 打造地方品牌

品牌战略的实施同样也是促进河北省区域经济与群众体育实现协调发展的重要方式之一。同时，据其他行业的发展情况和落实情况来看，品牌战略的落实和应用确实能够推动行业实现更好的发展，促进行业竞争力的提高，并促进行业获得更多的经济效益和社会效益。所以，为了确保群众体育能够与河北省区域经济实现统一协调的发展，发展和实施品牌战略是十分重要和必要的。而如何确保其能够得以落实，就需要从以下几个基本的方面着手。（1）要以资本为纽带，通过资本市场和产权市场形成具有竞争力的跨地区、跨行业、跨所有制和跨国经营的大型体育企业集团，提高河北省体育产业的综合竞争力；（2）要制定明确的扶持政策，推进品牌战略的实施，鼓励和引导体育用品企业增加研发投入，开展技术创新、产品创新和营销手段创新；（3）可以成立河北省体育用品联合会，加强行业自律，加强体育用品的质量监管和产品认证工作，打造体育用品世界品牌，提高在国内市场和国际市场上的竞争能力。大力发展体育用品会展业，以专业化、国际化为目标，努力创办具有一定影响的体育用品博览；（4）还要加强对国外经验的借鉴工作，据国外体育产业的发展历程显示，在成熟的体育产业结构体系中，全民健身服务业应当占据相当大的比重。而对于河北省来说，健身休闲行业有着巨大的市场需求，全省人民迫切需要享有科学化、普及化、生活化的体育健身服务。所以河北省要大力加强对休闲体育健身工作的重视程度，并做好对其的开发工作，以确保其能够在未来实现更好的发展，形成自己的品牌文化，并推进河北省的地方经济实现更好的发展和进步。

四、注重信息技术对体育产业的推动作用

当今世界，科学技术的突飞猛进，给人类社会带来了广泛而深刻的影响。以信息技术、生物技术、新材料和能源技术、海洋开发技术等科技为代表，渗透在人类世界的各个角落，影响着社会生产方式、生活方式、经济结构和社会文化，对体育产生了前所未有的影响。现代科技的普遍运用，对体育科学化、群众健身科学化、体育产业科学化有着重要影响。其中，信息技术的利用在促进群众体育协调发展方面有着重要作用。群众体育信息资源是为群众体育项目服务的一种信息技术，主要的类型有：文献资料和各种传播媒介。文献资料主要是指论文、报纸及图书等形式的纸质传媒；各种传播媒介主要是指一些新媒体，如电脑新闻、手机新闻、宣传屏和电视报道等。但是这两种宣传形式存在一定的弊端，由于论文大多是由科研人员撰写的，所以其在一定程度上并不能反映出城乡群众体育之间的差别；报纸和图书在写作和发表的过程中，会受到多种因素的影响，再加上城乡之间存在着明显的差别，因此报纸和图书并不能作为量化指标来具体评估区域内的群众体育项目；新媒体在传播过程中，依靠的是数字技术、通信技术和互联网技术，而由于经济水平的限制，通过新媒体这种传播媒介传播群众体育相关信息的效用会大打折扣，现在体育传媒产业的发展还不是很健全，不能满足对群众进行体育宣传等宣传工作的需求，因此我们要加大对群众体育传媒中信息技术的投入力度，充分发挥体育传媒在河北省区域经济与群众体育协调发展中的重要作用。

（一）充分利用“互联网+”技术

随着科学技术的发展，各种终端应用软件被开发出来运用到体育健身领域，“互联网+”技术已经开始为群众体育发展发挥重要作用。其中有专门针对个人健身的纯运动类APP，也有不少结合其他领域的体育科技产品。4G网络以及无线Wi-Fi的普及使得智能手机成为人们生活中不可缺少的一部分，如何利用手机让人们获得健身信息以及健身指导，进行有效的、科学的体育锻炼已经成为当下社会的一大热点话题。“咕咚”“悦跑圈”等针对个人健身的运动类APP产品，通过有效记录个人的运动量以及运动次数，结合运动社交，专注于健身指导项目的开发与应用，已经是越来越

成为健身爱好者的首选 APP。由于各种体育类 APP 的功能具有交叉性，但是又具有各自不同的特点，所以在市场占有率上也有较大差异。因而，如何提高体育类 APP 的用户活跃度与市场占有率也是当下需要解决的问题，这就需要发挥互联网大数据的效用。以“咕咚”这一 APP 为例，注册用户已经突破 2400 万，日均活跃量为 200 万用户，人们使用“咕咚”功能中最多的就是其对个人运动轨迹的监测功能，人们大多用来监测自身跑步与骑行的运动量。“运动圈”“咕咚吧”等社交功能则是用来确保用户黏度的，这就提高了群众参与体育锻炼的积极性。各地方政府机构可以运用互联网技术，盘活各种体育场馆资源，为大众提供健身服务，让平常老百姓能够享受到价格低廉的公共体育服务资源。其中，湖北省体育局利用“互联网 +”思维开发的“去运动”公共体育服务平台成为典型。这一平台在运营不到一年的时间里，已经将湖北省 610 家体育场馆的信息服务资源囊括其中，这些体育场馆不仅包括国有的体育场馆，还包括民营类型的体育场馆资源。在“去运动”的移动终端上，用户只需要进行简单的体育场馆的关键词查询就可以获得该体育场馆的服务信息，还可以享受到低费用甚至是由政府免费提供的公共体育服务。目前“去运动”已经有注册用户 30 万，这样大的用户基数，为政府提供了体育场馆管理与运营的依据，也为政府采集群众体育的相关数据提供了便利，方便政府对国有体育场馆的考核与补贴，并且可以有针对性地对群众体育基础设施进行建设与维护，改变以往管理上靠“拍脑袋”、资金上靠“估摸”的不合理做法。湖北省为了更好地推动群众体育的开展，践行“全民健身”的国家战略，已经投入了 1900 万元用来购买社会体育公共服务，全省已有将近 400 万人次通过“去运动”平台获得了免费或是低廉费用的体育服务。事实上，还有其他省份也在推行此类措施。

河北省可以借鉴湖北省的经验，充分利用“互联网 +”技术，开发公共体育服务平台，让更多的人民群众可以获得更多的体育健身服务信息，以此来扩大群众体育的规模，促进体育健身在河北省的发展。体育健身的目的就是进行个人健康管理，这就涉及运动项目选择、运动损伤康复、养生、营养、形体管理等多方面的信息指导。运动类 APP 通过对用户的大数据分析，可以为每位用户提供具体的健身菜单内容，从而提高群众的健身效率，稳固该APP的市场占有率，从而在科技支撑之下推动经济与群众体育的协调发展。这也是运用“互联网+”思维来推动区域经济与群众体育协调发展的模式之一。

（二）对新媒体技术充分利用

随着经济的发展，我国的科技也取得了巨大的进步，新媒体技术应运而生。因此，人们可以通过越来越多的渠道去获得所需的信息。随着数字技术、通信技术及互联网技术的出现和发展，现在的手机越来越智能化，不再单纯地用来发信息、打电话，更多的是依靠其智能化的APP，实现随时随地上网、看视频、看新闻、网上购物等，并且可以实现和信息发布者的互动，这些优势是传统媒体所不能比拟的。如在传统媒体时代下，人们观看体育项目的时候，只能选择在电视台播放的时候进行观看，但是有时候转播的体育项目是在凌晨开始播放的，这样就会有很多人观看不到这个体育赛事；可是在新媒体时代下，人们可以随时随地在手机或者是笔记本电脑上搜索体育赛事、其他关于体育的新闻，不仅方便了人们的观看，而且体育赛事也起到了其本身的宣传作用。具体到河北省来说，据有关数据统计，河北省各市区的公交车上一般都配备了液晶电视，出租车上也配备了“赛克传媒”的液晶屏等，通过这种车载的新媒体，我们可以随时地了解到最新的体育信息，在一定限度上也避免了由于手机网络不稳定导致手机用户无法观看体育比赛或者是浏览体育新闻局面的出现。此外，媒体也可以从这些信息传播的过程中获取一定的经济收益。上述的内容，极大地体现出新媒体在传播体育信息中的优势。概括地讲，新媒体传播具有很强的移动性、互动性、选择性、整合性和时效性等，这种优势的存在，使得新媒体超越了传统媒体，并且有望成为未来媒体发展的主要内容。虽然新媒体具有很大的优势，但是其也有明显的不足之处。如新媒体在传播过程中借助的主要技术是数字技术、通信技术和互联网技术，虽然现在我国的宽带网络在农村中有了一定程度的发展，但是其发展的规模和速度还是远远赶不上城市的发展速度和规模，这在一定程度上会制约农村用户使用新媒体观看体育信息的实现；同时，随着新媒体技术的发展，手机和网络用户在使用网络浏览体育新闻的时候，会接触到多种多样的信息，这些信息中不免会有一些负面的信息，可能会对手机或者是网络用户造成一定的影响，降低其对新媒体体育信息的关注度。所以，未来我国一方面要持续地、快速地提升宽带网络的速度，缩短城乡之间网络速度的差异；另一方面要出台相关的法律法规，加强对新媒体技术的规范力度，同时加大对借助新媒体技术进行犯罪行为的个人或者是组织的惩罚力度，为新媒体技术的发展提供一个良好的法制环境。我们相信，随着科学技术的进一步发展，新媒体技术也会得到社会的更多的认可，因此新媒体体育信息传播就有了一个新兴的传播媒介可以使用。现代社会中，竞争与合作的机制屡见不鲜。对于体育传媒来说，它也应该在不断改革的过程中，顺应时代的发展要求，将竞争与合作作为传媒行业之间关系发展的常态。传媒行业之间存在的竞争，在一定程度上会促进各个传媒竞争主体去更好地发展自己；传媒行业之间存在的合作，则会在一定程度上加强各个传媒主体之间的协作，从而为传媒主体谋求更好的发展空间。当然，这种竞争与合作并不是仅仅局限于不同媒体或者是不同单位之间，在同一家媒体或者是同一家单位中，也会形成各种竞争与合作的关系。如，各个市级的体育媒体可以利用彼此间的资源从而形成合作的关系，这是一种内部协作关系。同时，不同省市级的体育媒体也可以形成彼此间的联系，这是一种外部协作关系。此外，我们还可以将传统媒体与新媒体进行合作，使其不仅具有传统媒体的优势，也具有新媒体的优点，从而最大限度地促进体育信息的传播。

（三）打造群众需要的体育传媒

体育因为其观赏性、参与性等独特的文化形式和特点，形成了一种特殊的社会文化形式。人们参加体育运动，不仅因为体育项目能够增强体质，更重要的是因为它能够给人带来心灵的愉悦感。大众是对群众体育项目关注程度最高的人群。体育传媒如果想获得实效，那么其必须加强与人民群众的沟通、交流和互动，通过受众的意见反馈，及时了解受众的需求，并根据受众的需求变化及时调整体育传媒信息的内容和方向，最大限度地满足人民群众的要求。除此之外，河北省也应该在扩大体育传媒信息的基础上，适当地提高河北省体育信息文化的内涵，从而推动体育信息的传播向着纵深的方向发展，打造出具有河北省特色的精品体育传播媒体。河北省之前在传播体育信息的过程中，大多传播的是一些有关体育信息的表层内容，未来要做的就是加深对体育文化内涵的深度挖掘，加大对其具有文化价值内涵的那部分内容的传播，力争在不断提高群众体育项目艺术性的同时，也充分展现出群众体育的人文魅力。通过这一系列措施，原有体育信息的受众也可以从之前的表层欣赏逐渐转变为对体育信息更深层次意义的理解，提升体育信息传播的人文价值。目前河北省对体育文化的内涵也进行了初步的挖掘，比如在进行体育赛事转播的时候，不再单纯地只是让人们欣赏体育赛事，而是聘请了许多的知名教练或者是运动员担任解说员。这样一来，体育项目在赛事直播或者转播的过程中，观众可以逐渐从只关注比赛结果或者解说的内容和形式的层面转向对体育比赛项目更深层次的理解上，从而使体育传媒可以真正地满足群众的需求。通过这些新型信息技术在体育产业中的引入，从而加强媒体对于群众体育发展的示范和引导作用。体育媒体的功能不仅是要把体育信息传递给受众，而且还应该引导受众积极参加体育运动，呼吁更多的受众参与到体育活动当中来。体育媒体要向受众传递这样一个信息，即参加体育锻炼不但能够起到锻炼身体的作用，而且还能够在一定程度上提高受众的心志，最大可能地帮助受众建立起体育运动的意识，培养受众参与群众体育运动的方法和技巧，从而推动全民健身事业的发展。体育媒体要起到对受众的引导和示范作用，不仅需要体育媒体借助体育赛事的直播或者是转播，去提高受众参与群众体育项目的积极性，而且体育媒体还需要提升节目本身的质量，通过高质量的体育赛事的直播或者是转播，或者增强体育节目的娱乐性，吸引更多的受众观看体育媒体，最终加深受众对体育运动和体育锻炼的了解。

第六章　研究总结与展望

第一节　研究总结

一、研究方法

本研究不仅采用了文献资料发以往学者的研究成果进行了总结与比较，还采用德尔菲法就群众体育发展的相关问题进行了调查分析，并用变异系数法对多项群众体育指标以及区域经济发展指标进行了分析，得出了群众体育与区域经济之间的存在相关性。通过使用加权算术平均法来分析评价河北省区域经济与群众体育的发展水平，构建河北省区域经济与群众体育协调发展的评价模型。

二、研究结论

河北省区域经济与群众体育的整体协调度比较弱。在河北省，区域经济发展水平与群众体育的发展水平并不完全协调统一，协调程度较弱。出现这一情况的原因有很多，本文着重分析了政策指导、地方经济、消费观念等原因。

三、改进策略

本文主要从河北省内的实际情况出发，提出了河北省在实现省内区域经济与群众体育协调发展的目标指导下，应综合多方优势，尤其是注重开发自身的自然、人文、区位等优势，引入社会各界资本，开发传统体育文化资源，利用信息技术的推动，通过差异化战略，打造具有特色的体育文化产业，借助京津冀一体化发展自身经济与群众体育，构建环京津的体育圈，从而达到群众体育和区域经济协调发展的目的。

四、研究不足

（一）数据研究相对不足

本文提出了区域经济和群众体育协调发展的基本依据，重点分析了群众体育和区域经济的关系，以此建立研究体系。尽管诸多省市级经济发展的统计数据比较翔实，但是限于体育产业的相关数据不足，难以进行有针对性的研究。随着省政府和各级市领导加大对体育产业的重视程度，体育统计数据作为一项基本工作已经逐渐开展，这将为进一步深入分析提供数据支撑与参考依据。

（二）群众体育及体育产业的多个方面的分析有待丰富

本研究主要针对群众体育和区域经济中涉及的少部分行业进行了分析，对于其他体育产业类型的研究较少，如体育器械、体育制品、竞赛表演等方面。随着体育产业实践的发展和丰富，体育产业的外延将进一步扩大，新兴体育产业活动日益发展，将为群众体育和区域经济的发展带来新的研究方向。

（三）缺乏对区域经济和群众体育评价指标体系的分析

本研究对区域经济和群众体育协调发展的研究处于初步探索阶段。尽管已经有学者对群众体育和区域经济的发展建立了相应体系，进行了系统研究，但是如何评价其协调关系还需要进一步论证；而且区域经济的评价指标体系本身是一个庞大的理论问题，群众体育的发展如何反馈到区域经济的各个方面需要更多的理论和数据的支持。由于在阅历、学识、能力方面的局限性，本文未能对这一问题详尽分析，今后将更深地推进这一研究方向。

第二节 研究展望

随着河北省体育产业实践的不断丰富，区域经济社会条件的成熟，体育产业经济效应与社会效应的扩大，体育产业统计工作的深入开展，对区域经济和群众体育的研究将更加系统深入。

一、群众体育资源开发的主体趋于多元化

目前我国体育场地的投资主体比较单一，主要靠政府以及体育彩票等来源，民间社会资本介入较少。北京奥运会后我国政府加大了对群众体育资源的投入力度，其中就包括对各种体育健身场馆的建设。尤其是在2014年10月20日，国务院在《关于加快发展体育产业促进体育消费的若干意见》中指出，到2025年人均体育场地面积要达到2平方米，这无疑为我国体育场地的建设指明了方向。在建设与发展各种体育场地时要积极调动民间社会资本，使体育场地投资主体多元化，本着“投资收益原则”，积极稳妥地促进中国体育场地的建设与完善，而且《关于加快发展体育产业促进体育消费的若干意见》中提到，到2015年中国体育产业产值将达到5万亿元，这是一个难得的机遇，社会各方力量因势利导，结合全民健身以及各种赛事的举办，发展经济的同时为群众体育的发展打牢基础。近日，河北省正式发布的《河北省体育发展“十三五”规划》针对体育发展的新情况、新问题，系统谋划河北省“十三五”时期的体育工作，通过深化体育领域改革，破除思想观念和体制机制障碍，进一步明确振兴河北体育、建设体育强省的时间表和路线图，为推动河北体育又好又快地发展奠定了基础。

二、多领域助力区域经济与群众体育协调发展

我国的群众体育起步晚，但是由于我国的人口基数大，所以群众体育在我国的发展前景一片光明。在群众体育方面，经济是物质基础，而要实现经济与群众体育的协调发展同样离不开科技、文化、教育等方面的进步。

现在由于各种高科技体育产品的不断上市，大众越来越注重运用各种科技产品来实时地监测自己的健康水平，并用各种终端产品为自己量身打造各种健身计划。自北京奥运会成功举办之后，体育文化越来越受到人们的重视，不仅体现在健身意识的提高上，还体现在我国对各种传统体育项目的保护与发扬上。近年来，我国学生的体质健康问题比较突出，所以在大部分省份体育是所有年龄阶段的学生的必修课程，这样可以帮助群众树立终身锻炼意识。以上各个方面都不同程度地促进了群众体育的发展。

三、区域经济与群众体育协调发展程度不断提高

虽然目前我国东部、中部、西部三大区域之间在经济和群众体育发展方面存在很大差异，但是这并不是两者发展的终点。我国的群众体育发展起步晚，在发展过程中充满曲折，但是任何事物的发展总是在曲折中前进，所以我们要对实现真正的区域经济与群众体育协调发展充满信心。河北省环绕京津经济发达区，在地理位置上的优势得天独厚，应该在借助于外部力量的同时，从自身实际出发，内外因共同驱动区域经济与群众体育协调发展。

四、对研究方法进一步推进

通过对本次研究的总结，分析研究成果的不足，对群众体育和区域经济的协调关系进一步深入研究。

（一）加强对区域优势体育产业选择的定量分析

依据不同区域体育产业发展的数据的统计资料，结合区域经济社会发展指标，在定性分析的基础上，采取回归分析、验证性因子分析等方法对区域优势体育产业的主要影响因素进行定量分析，找出不同行业产业规模与发展条件的量化关系。

（二）扩大体育产业不同行业的研究范围

本研究主要对于河北传统体育行业和地域位置进行了分析。随着体育产业市场的繁荣，体育产业的外延将不断拓展，新型体育产品也将不断涌现，这些行业该如何发展，采取什么样的战略，还需要进一步研究。

（三）制定更为全面的区域经济和群众体育协调发展的评价指标体系

本研究对区域经济和群众体育的协调进行了分析，如何评价群众体育对区域经济的支撑，区域经济如何作用于群众体育，还需要对评价指标体系进行深入的研究。评价指标体系本身也是一个复杂的综合体系，需要经过严谨的理论推导和数据支撑，这些都有待于进一步研究。

参考文献

[1] 李国强，章碧玉，赵猛．我国区域经济、体育产业和群众体育综合协调发展研究 [J]. 天津体育学院学报，2015，01：87-92.

[2] 陈静飞．京津冀协同发展中的群众体育研究 [J]. 体育科技，2015，04：93-94.

[3] 陈静飞，石歌，王磊，王昭．唐山地区群众体育发展研究 [J]. 体育文化导刊，2014，06：52-54.

[4] 秦永波．基于区域经济的群众体育发展效率评价 [J]. 河南师范大学学报（自然科学版），2014，05：179-183.

[5] 余丹．区域群众体育与经济协调发展评价研究 [D]. 武汉体育学院，2012.

[6] 李国强，章碧玉．我国区域经济与群众体育发展关联效应研究 [A]. 中国体育科学学会（China Sport Science Society）.2015 第十届全国体育科学大会论文摘要汇编（三）[C]. 中国体育科学学会（China Sport Science Society）：2015，2.

[7] 王云涛，朱红伟，周卫海．广东省不同经济发展区域群众体育现状研究 [J]. 体育科技文献通报，2011，02：105-107.

[8] 王云涛．广东省不同经济发展区域群众体育现状研究 [A]. 国家体育总局（General Administration of Sport of China）、中国体育科学学会（China Sport Science Society）. 第二届全民健身科学大会论文摘要集 [C]. 国家体育总局（General Administration of Sport of China）、中国体育科学学会（China Sport Science Society）：2010，2.

[9] 陈华伟．社区体育资源配置理论与实证研究 [D]. 福建师范大学，2014.

[10] 程龙．构建延边州城镇化体育发展模式研究 [D]. 延边大学，2015.

[11] 李安娜 . 我国群众体育发展不均衡省际差异分析 [J]. 体育文化导刊，2012，04：29-32+50.
[12] 魏淑波 . 全面建设小康社会中山东省群众体育发展战略研究 [D]. 山东大学，2007.
[13] 万星 . 重庆经济快速增长对城乡居民群众体育协调发展的影响研究 [D]. 西南大学，2007.
[14] 齐海龙 . 我国群众体育差异与发展对策研究 [D]. 河南大学，2015.
[15] 徐金庆 . 东北三省竞技体育与群众体育协同发展研究 [D]. 东北师范大学，2013.
[16] 冯宝忠 . 中国迈向体育强国途径的研究 [D]. 苏州大学，2012.
[17] 袁晋文 . 河南省社会体育指导员现状调查与对策研究 [D]. 郑州大学，2013.
[18] 王占坤 . 浙江省公共体育服务体系建设研究 [D]. 福建师范大学，2015.
[19] 孟兵林 . 2014 年河北省城乡居民参加体育锻炼现状调查与分析 [D]. 河北师范大学，2015.
[20] 孙蓓 . 陕西省群众体育事业发展水平综合评价研究 [D]. 西安体育学院，2010.
[21] 龚飞 . 泛北部湾体育文化交流圈构建研究 [J]. 广西社会科学，2014，02：36-38.
[22] 辛松和，周进国 . 我国群众体育的公平问题研究 [J]. 南京体育学院学报（社会科学版），2014，03：40-44.
[23] 高继科，赵富学，李法伟 . 甘肃藏区群众体育事业发展的机遇与突破 [J]. 体育文化导刊，2014，07：40-43.
[24] 张帆 . 山西省群众体育内源型发展模式的研究 [D]. 辽宁师范大学，2015.
[25] 陈葵 . 我国区域社会与区域体育协调发展机制研究 [D]. 湖南师范大学，2013.
[26] 冯喆 . 欧洲体育发展方式改革研究 [D]. 华东师范大学，2013.
[27] 李延超 . 民族体育的生态与发展 [D]. 上海体育学院，2011.
[28] 郭菁 . 以高校为中心的区域体育发展研究 [D]. 西南交通大学，2009.
[29] 刘玉 . 辽宁省区域竞技体育协调发展研究 [D]. 辽宁师范大学，2009.
[30] 张璇 . 上海市社区老年体育活动现状及发展对策研究 [D]. 上海体育学院，2013.
[31] 彭小婵 . 我国东西部地区群众体育现状的对比研究 [D]. 新疆师范大学，2013.
[32] 王旭东 . 中国实施可持续发展战略的产业选择 [D]. 暨南大学，2001.
[33] 蔡睿，李然，张彦峰，张铭，王梅，江崇民 . 中国居民参加体育锻炼的区域差异比较 [J]. 体育科学，2009，07：11-18.

[34] 回寅，梁凤波，原玉杰．经济发展阶段对当前我国体育发展的影响研究 [J]. 沈阳体育学院学报，2006，06：14–16.
[35] 刘思恺．深圳市体育健身人群的流动现象研究 [D]. 沈阳师范大学，2015.
[36] 孟林盛．三晋传统体育文化研究 [D]. 山西大学，2014.
[37] 秦小平．城乡体育基本公共服务均等化研究 [D]. 华中师范大学，2011.
[38] 葛艳明，张晓微．论保定市体育运动发展与地理环境的关系 [J]. 中学地理教学参考，2014，24：49–50.

附 录

附录1：河北省区域经济与群众体育协调发展专家访谈提纲（第一轮专家调查问卷）

尊敬的专家：

您好！我们想就河北省区域经济与群众体育的相关问题进行研究，深知您是这方面的专家，想就河北省区域经济与群众体育协调发展情况等，征求您的观点和意见，衷心感谢您对本研究工作的大力支持！

1. 您对河北省城乡居民参加体育锻炼现状有何了解？

____

____

____

____

____

____

____

2. 您对河北省区域经济发展现状有何了解？

____
____
____
____
____

3. 您对本研究设计的评价方法有何建议？

____
____
____
____
____

4. 您对本研究的样本量选取有何建议？

____
____
____
____
____
____

5. 您是否有关注河北省区域经济与群众体育的相关问题，是什么？

____
____
____
____
____
____

6. 您对河北省目前开展群众体育现状等有关问题（场地、影响因素等）有何认识？

____

____

____

____

____

____

7. 您对改善河北省区域经济与群众体育协调发展现状有何观点和看法？

____

____

____

____

____

附录 2：河北省城乡居民参加体育锻炼调查问卷

姓　　名：________________

性　　别：________________

年　　龄：________________

家庭地址：________________

联系电话：________________

访问时间：________年________月________日　________时

访问员签名：________

现场督导员：________

签名时间：________年________月________日　________时

审 核 员：________

签名时间：________年________月________日　________时

复 核 员：________

签名时间：________年________月________日　________时

第一部分　日常体力活动状况

A01. 您现在的工作状况【单选】

1. 不工作——（跳至 A03 题）
2. 每日工作
3. 每日半天
4. 隔日工作
5. 每日工作并经常加班
6. 有工作但不定时

【访问员请注意，A01 选择选项 1 的被访者不进入此题。】

A02. 您工作的主要方式是【单选】

1. 以静坐伏案为主（用电脑、书写等）
2. 工作中静坐伴有上肢活动，或者以站为主。如出租车司机、售货员、流水线组装工
3. 以走为主，搬运或举重物、挖掘。如工人，农民

A03. 您现在每天出行常用的交通方式是【限选排序】

（1）________（2）________（3）________

1. 步行
2. 骑自行车
3. 乘公共交通
4. 自驾车
5. 摩托车、电动自行车
6. 不出行
7. 其他____

A04. 您每天用于各类交通的时间分别是【填空】

步行____________________分钟；

骑自行车________________分钟；

乘公共交通______________分钟；

自驾车__________________分钟；

摩托车、电动自行车_______分钟；

其他____________________分钟。

A05. 您现在日常是否做家务？【单选】

1. 是

2. 否——（跳至第 A08 题）

【访问员请注意，A05 选择选项 1 的被访者进入此题】

A06. 您主要做哪些家务？【多选不排序】

1. 做饭

2. 洗碗

3. 打扫卫生（擦地、家具、门窗）

4. 购买日常用品

5. 洗衣（手洗或混合洗）

6. 照看家人（生活不能自理）

7. 其他

A07. 您平均每天做家务的时间是 ______ 分钟【填空】

A08. 您在平日从事的闲暇活动有哪些？【限选排序】

（1）________（2）________（3）________

1. 看电视、听广播

2. 玩电脑

3. 读书、看报

4. 打牌、下棋
5. 聊天
6. 体育锻炼
7. 园艺、养宠物
8. 逛街、游玩
9. 其他

A09. 您在休息日、节假日从事的闲暇活动有哪些？【限选排序】
（1）____（2）____（3）____
1. 看电视、听广播
2. 玩电脑
3. 读书、看报
4. 打牌、下棋
5. 聊天
6. 体育锻炼
7. 补充睡眠
8. 郊游
9. 园艺、养宠物
10. 逛街、游玩
11. 其他

【导语】接下来，我们想了解一下您个人体育锻炼的状况。

第二部分　体育锻炼状况

B01. 在过去一年中您是否参加过体育锻炼？【单选】
其他______________________________分钟。
1. 是
2. 否——（跳至第 B24 题）

【访问员请注意，B01 选择选项 1 的被访者进入此题】

B02. 您参加体育锻炼的频度是【单选】
1. 平均每月不足 1 次
2. 平均每月 1 次以上，但每周不足 1 次
3. 平均每周 1 ~ 2 次
4. 平均每周 3 ~ 4 次
5. 平均每周 5 次及以上

B03. 平均每次体育锻炼的时间是【单选】
1. 不足 30 分钟
2. 30 ~ 60 分钟
3. 60 分钟及以上

B04. 通常您体育锻炼时的身体感受是【单选】
1. 呼吸、心跳与不锻炼时比，变化不大
2. 呼吸、心跳加快，微微出汗
3. 呼吸急促，心跳明显加快，出汗较多

B05. 您经常参加体育锻炼的项目是？【限选排序】
（1）________（2）________（3）________
1. 走（健步等各种走）
2. 跑步
3. 游泳
4. 骑车
5. 乒、羽、网球、柔力、毽球类活动
6. 足球、篮球、排球等球类运动
7. 保龄球、地掷球、门球
8. 健身路径
9. 体操（包括广播操、艺术体操、健美操和竞技体操等）

10. 舞蹈（交际舞、体育舞蹈、民间舞蹈等）
11. 武术（武术套路、太极拳、剑、木兰扇等）
12. 格斗类（跆拳道、空手道、拳击、柔道、摔跤、散打等）
13. 气功（易筋经、八段锦、五禽戏、六字诀、瑜伽等）
14. 力量练习（徒手、器械）
15. 登山
16. 跳绳、踢毽
17. 冰雪活动
18. 其他 ______________

B06. 您现在这种体育锻炼习惯坚持了 _______ 年？【填空】

B07. 您的这种体育锻炼习惯是否有过中断？【单选】
（注：中断是指连续半年没有参加体育锻炼）
1. 是
2. 否——（跳至第 B10 题）

【访问员请注意，B07 选择选择 1 的被访者进入此题】
B08. 中断时的年龄是 _______ 岁【填空】

B09. 中断的原因是【限选排序】
（1）________（2）________（3）________
1. 运动损伤
2. 工作忙
3. 家务忙
4. 住所或工作单位变动
5. 突发事件的影响
6. 对体育锻炼失去兴趣
7. 怕受伤
8. 其他

B10. 您经常进行体育锻炼的场所【限选排序】

（1）________（2）________（3）________

1. 公共体育场馆

2. 单位或小区的体育场所

3. 健身会所（健身俱乐部、健身房）

4. 自家庭院或室内

5. 广场、场院

6. 住宅小区空地

7. 公路、街道边

8. 公园

9. 树林、江河湖海、草原、山丘

10. 其他

B11. 您平均每月到收费体育场所锻炼几次？______ 次【填空】

【访问员请注意，B11 填写 0 次的被访者，跳至第 B13 题。】

B12. 您经常去的收费体育场所每次的消费是多少？【单选】（注：仅指场租费，公园门票不计算）

1. 5 元以下

2. 5–10 元

3. 11–30 元

4. 31–50 元

5. 51–100 元

6. 100–500 元

7. 500 元以上

B13. 您经常去的体育锻炼场所离您的距离有多远？【单选】

（注：指直线距离）

1. 小于 1 千米

2. 1 千米～2 千米
3. 2 千米～3 千米
4. 3 千米以上

B14. 您在体育锻炼中接受过什么样的指导？【单选】
1. 没有指导
2. 体育教练、教师
3. 社会体育指导员
4. 其他受过相关专业训练的人
5. 其他人员
6. 参照专业教材自己练

B15. 您参加过体质测量和评定吗？【单选】
1. 从未参加
2. 从未参加，但准备参加
3. 每年 1 次以上
4. 曾经参加过

B16. 您掌握运动技能的主要途径？【单选】
1. 从事过专业训练
2. 在学校获得（非体育专业）
3. 社会上的短期培训
4. 自学
5. 其他

B17. 影响您体育锻炼兴趣形成的因素是【限选排序】
（1）________（2）________（3）________
1. 在学校期间受到的体育教育
2. 看体育新闻及电视转播或听体育播音
3. 参加单位体育活动

4. 受家庭成员的影响
5. 受同事或朋友的影响
6. 受体育明星、体育名人的影响
7. 说不清楚——（跳至第 B20 题）

B18. 您运动兴趣的形成是在什么时期？【单选】
1. 在学校期间
2. 工作阶段——（跳至 B20 题）
3. 退休后——（跳至 B20 题）

【访问员请注意，B18 选择 1 的被访者，进入 B19 题。】

B19. 您是在 ________ 时形成的体育兴趣【单选】
1. 小学
2. 中学
3. 大学

B20. 您主要从哪些途径获得体育信息【限选排序】
（1）________（2）________（3）________
1. 书刊、报纸
2. 电视（DVD、录像），广播
3. 互联网
4. 学校教育
5. 现场观摩
6. 社交
7. 其他________________________

【导语】下面，我们想了解一下您在体育锻炼上的消费情况。

B21. 在过去一年里，您在以下几方面的消费是【填空】

1. 购买运动服装、鞋帽的消费金额是________元；
2. 购买体育器材的消费金额是________元；
3. 订阅体育报刊、购买体育图书的消费金额是________元；
4. 到体育场馆参加健身娱乐活动的消费金额是________元；
5. 观看体育比赛门票的消费金额是________元；
6. 其他________元。

B22. 您参加体育锻炼的主要目的是【限选排序】

（1）________（2）________（3）________

1. 消遣娱乐
2. 增加体力活动
3. 减轻压力、调节情绪
4. 减肥
5. 健美
6. 社交的方式
7. 提高运动技能、技巧
8. 防病治病
9. 说不清楚
10. 其他________

B23. 您参加体育锻炼的主要形式是【单选】

1. 独自
2. 与家人一起
3. 与朋友、同事一起
4. 其他

【访问员请注意，B23 题答完后，直接跳至 B25 题。】

【导语】下面，我们想主要了解一下您对体育工作的要求和希望。

【访问员请注意，B01 题目中选择不参加体育锻炼的被访者 进入 B24 题，其他被访者跳过此题，进入 B25 题。】

B24. 若准备参加体育锻炼，您认为必须具备哪些条件？【限选排序】

（1）________（2）________（3）________

1. 有时间
2. 有经费
3. 有场地器材
4. 有指导
5. 有同伴
6. 克服惰性
7. 无须特别条件
8. 其他 ________

B25. 您参加体育锻炼的主要障碍是【限选排序】

（1）________（2）________（3）________

1. 没兴趣
2. 惰性
3. 身体很好，不用参加
4. 身体弱，不宜参加
5. 体力工作多，不必参加
6. 家务忙，缺少时间
7. 工作忙，缺少时间
8. 缺乏场地设施
9. 缺乏锻炼知识或指导
10. 缺乏组织
11. 经济条件限制
12. 怕受嘲笑
13. 认为没必要
14. 怕受伤

15. 其他________________________

B26. 您对国家在促进群众体育健身方面的工作有何要求或希望【限选排序】

（1）________（2）________（3）________

1. 健全各种体育法规和政策，以保证公民享有的体育权利

2. 建设和完善与居民社区（村庄）相配套的公益性体育锻炼场所或器材（免费）

3. 尽可能地开放体育锻炼场馆

4. 体育场馆的收费要合理

5. 应加强对体育运动知识、锻炼方法的普及和宣传

6. 应加强对大众健身活动的科学指导

7. 加强群体活动的组织和引导

8. 说不清楚

9. 其他

第三部分 基本情况

【导语】在问卷的最后部分，我们希望了解一下您的个人和家庭情况，我们会为您的信息保密。

C. 个人情况

C01. 性别 【访问员记录被访者性别】【单选】

1. 男

2. 女

C02. 您的出生日期是 ______ 年 ______ 月 ______ 日【填空】

C03. 您现在的婚姻状况【单选】

1. 未婚
2. 有配偶
3. 离婚
4. 丧偶

C04. 职业【单选】
1. 国家机关、党群组织、企业、事业单位负责人
2. 专业技术人员
3. 办事人员和有关人员
4. 商业、服务业人员
5. 农、林、牧、渔、水利业生产人员
6. 生产、运输设备操作人员及有关人员
7. 军人
8. 其他
9. 无职业

C05. 您的受教育程度（包括同等学力）【单选】
1. 研究生及以上
2. 大学（含大专）
3. 高中（含中专）
4. 初中
5. 小学（含私塾）
6. 文盲或识字不多

C06. 身高（cm）

C07. 体重（kg）

C08. 您患有以下慢性疾病吗？（经医院确诊）【多选不排序】

1. 无疾病 2. 脑血管疾病 3. 呼吸系统疾病 4. 消化系统疾病 5. 泌尿生殖系统疾病 6. 糖尿病 7. 运动器官疾病 8. 高脂血症 9. 高血压 10. 心脏病 11. 职业病 12. 其他

D. 家庭情况

D01. 您的居住地属于【单选】

1. 传统街坊社区（老城居民区）
2. 单位社区（同一单位居住区）
3. 新型综合社区（新建居住小区）
4. 边缘社区（城乡结合区）
5. 城镇近郊农村
6. 远郊农村

D02. 您家庭的人口数为 ________ 人【填空】

D03. 您现在的家庭类型【单选】

1. 单身 2. 夫妇家庭 3. 单亲家庭 4. 核心家庭 5. 主干家庭 6. 联合家庭 7. 其他

【导语】最后，我们还想了解一下您个人的年收入情况，我们会严格为您保密。

D04. 过去一年里您个人总收入（含奖金和其他收入）是 _____ 元

访问到此结束，谢谢！

附录3：第二轮专家调查问卷评价意见（选项请画“√”）

1. 您认为本问卷总体设计如何？若选择“不合理”与“很不合理”，请提出不足与修改意见。

很合理（　）合理（ ）一般（ ）不合理（ ）很不合理（ ）

意见：____

2. 您认为本问卷结构安排与比例设置如何？若选择“不合理”与“很不合理”，请提出不足与修改意见。

很合理（　）合理（ ）一般（ ）不合理（ ）很不合理（ ）

意见：____

3. 您认为本问卷各项指标内容的设定如何？若选择“不合理”与“很不合理”，请提出不足与修改意见。

很合理（　）合理（ ）一般（ ）不合理（ ）很不合理（ ）

意见：____

4. 您认为本问卷各项指标的操作性如何？若选择“不合理”与“很不合理”，请提出不足与修改意见。

很合理（　）合理（ ）一般（ ）不合理（ ）很不合理（ ）

意见：____

后记

本书是在笔者参与了相关研究项目、了解了国内区域经济发展的现状以及群众体育的相关政策之上，对于河北省区域经济与群众体育协调发展的相关文献和成果进行的系统分析和研究。本书虽没有华丽的修饰性词语，但是专注于研究成果的实用性、客观性及适用性，致力于用简明易懂的语言来展现专业的实力，用客观真实的案例分析以及科学适用的研究方法针对“河北省区域经济与群众体育协调发展评价研究”的相关内容进行比较详尽的分析与论述，希望能够在学术界起到抛砖引玉之效，从而对相关领域的学者进一步更多深入的研究有所裨益。

在此，谨向诸位原作者表示深深的谢意，没有他们的研究与分析也没有本著作的研究成果。但是，由于笔者各方面的能力有限，对河北省区域经济与群众体育协调发展的评价研究仍处于努力探索之中，书中难免出现诸多不足，甚至有可能出现错误之处，恳请广大读者给予批评指正。同时，再次向在撰写本书过程中，各方领导以及专家、学者所给予的支持与鼓励表示最诚挚的敬意与谢意！

南子春

2016 年 9 月